Ulrike Folkerts
Katharina Schnitzler

Glück gefunden

EDITION BRAUS

Als ich letztens durch den Himmel lief, begegnete ich einer Friedenstaube

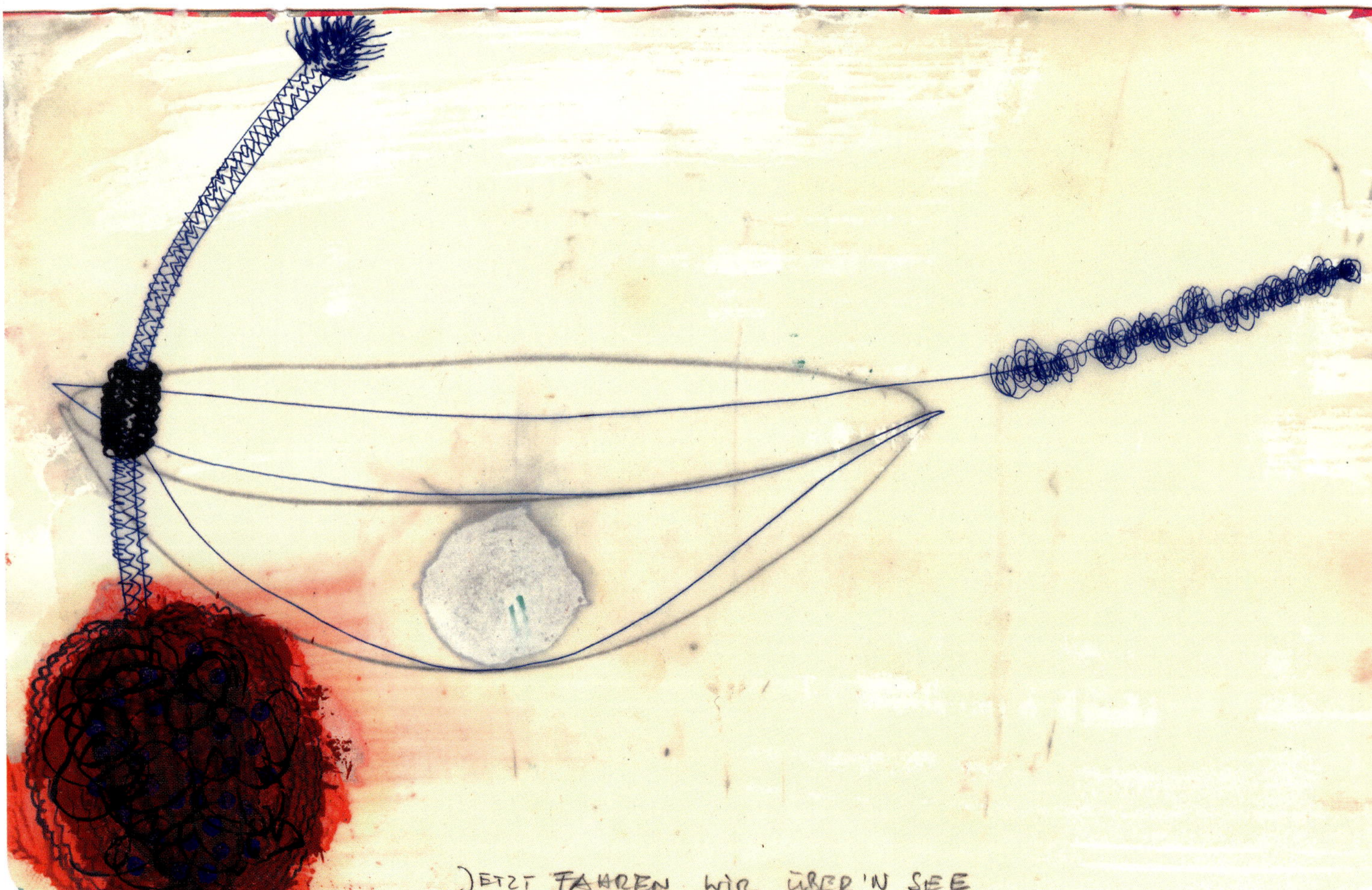
JETZT FAHREN WIR ÜBER'N SEE

VORWORT

Wer läuft zur blauen Stunde mit nackten Füßen durch den Himmel? Verrückte? Verliebte?

Wer sieht die vertraute Welt immer wieder neu und anders? Es sind die Glücklichen, die sich vom Hier und Jetzt begeistern lassen.

Lässt sich das Glück festhalten? Wer es versucht, dem kann es entgleiten wie ein Stück glitschige Seife.

Ist das Glück darum so faszinierend und unergründlich?

Zweieinhalb Jahre haben wir uns auf die Suche begeben, haben geforscht und waren dem Glück des nicht immer alltäglichen Alltags auf der Spur.

Daraus ist dieses Bilderbuch mit 13 Geschichten entstanden. Ist 13 eine Glückszahl? Egal … wir möchten Sie hierhin und dorthin verführen. Wir laden Sie ein, mitzukommen und mitzuphilosophieren: Schmunzelnde Glückseligkeit des Wieder- und ganz neu Erkennens beinahe garantiert.

Katharina Schnitzler und Ulrike Folkerts

Glück

Wie das Glück zu packen ist

GLÜCK ⇒ SUCHE NACH EINEM
ERFÜLLTEN LEBEN

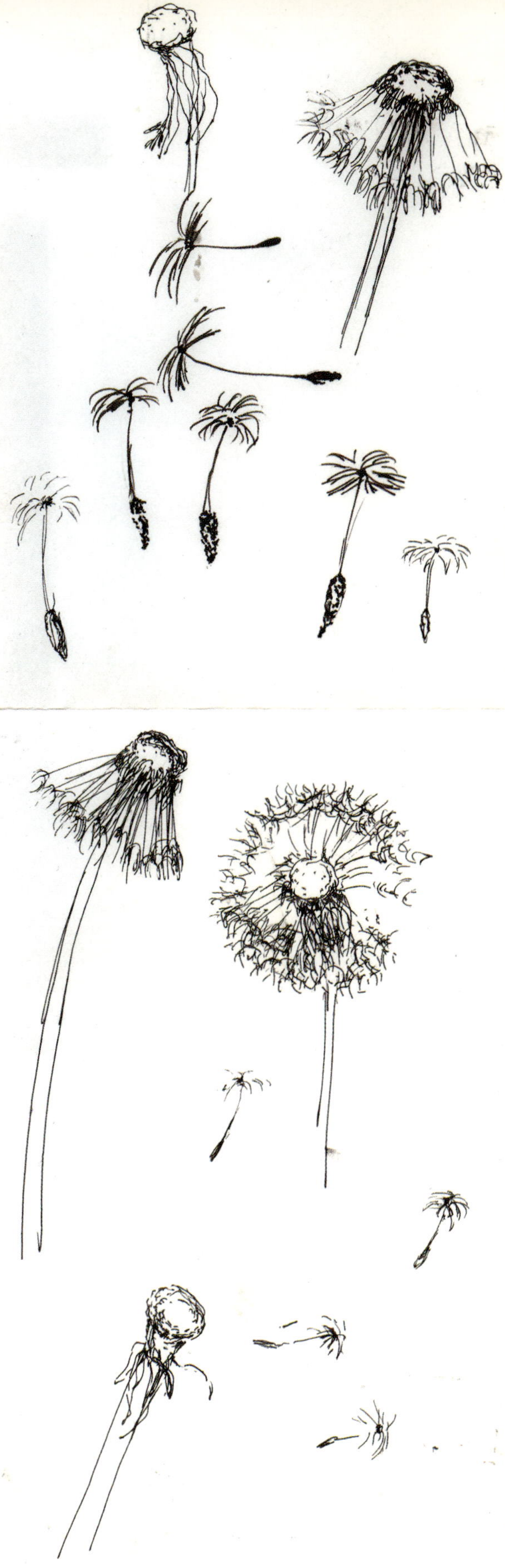

Ein Schornsteinfeger kommt mir auf dem Bürgersteig entgegen. Wunderbar, mein Tag ist gerettet.

Mein Schatz, dir ist eine Wimper ausgegangen. Bitte sehr, hier liegt sie, auf meinem Finger, puste sie weg und wünsch dir was.

Spätabends mit dem Auto einen Parkplatz suchen, das kann einen an den Rand der Verzweiflung bringen. Seit ich hexe, das heißt fest daran glaube, dass ich eine Lücke finde, erfüllt sich diese Hoffnung immer öfter. Völlig irre.

Wünschen, zaubern, herbeisehnen, hexen, beten, erträumen – ich glaube, der Phantasie sind bei der Erfüllung der kleinen persönlichen Sehnsüchte keine Grenzen gesetzt. Alles ist erlaubt, wenn es darum geht, sich Gutes zu tun und Glück zu erfahren.

Nach meiner Erfahrung treibt alle Menschen – unabhängig von Geschlecht, Alter, Hautfarbe, Kontostand oder Religion – die Frage um: Wie werde ich glücklich?

Was für eine schöner Gedanke: Alle Menschen sind sich darin verwandt, dass sie sich nach Glück sehnen und Leid möglichst vermeiden wollen.

GLÜCK = VON DER SONNE GEKÜSST

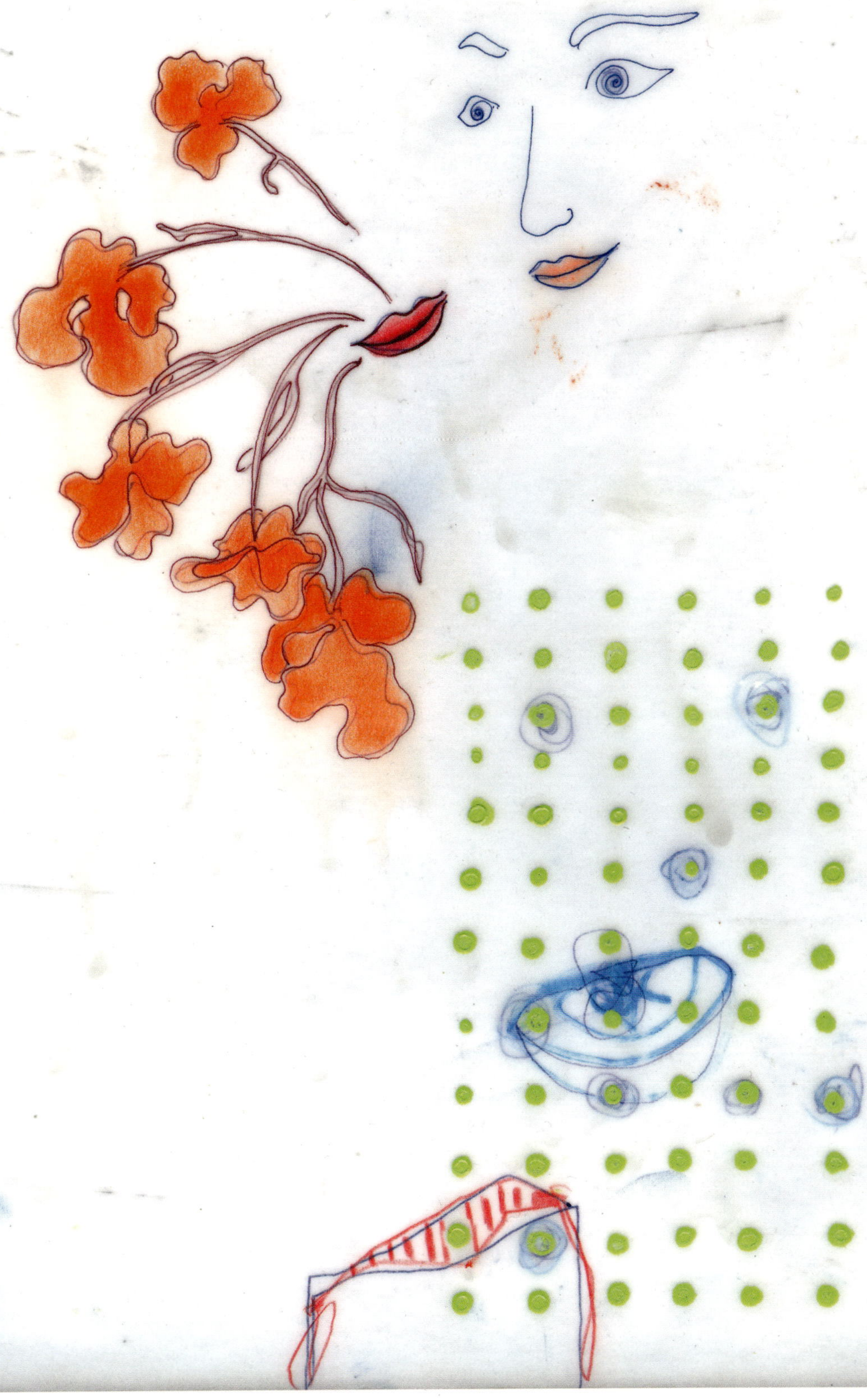

Zu manchen Wallfahrtsorten pilgern Tausende von Menschen, weil sie sich von diesen Orten, an denen irgendwann einmal ein Wunder geschehen ist, selbst ein Wunder erhoffen und Wünsche erfüllen lassen wollen. Ich habe mit eigenen Augen gesehen, wie Frauen von weit her mit dem Schiff zu einer kleinen griechischen Insel reisten, um die letzten zwei Kilometer in tiefer Demut auf ihren Knien die Straße bergaufwärts zu rutschen. Endlich am Wallfahrtsort angelangt, standen sie nach mehrfacher Bekreuzigung auf, küssten das Antlitz der heiligen Nonne, zündeten Kerzen an und schrieben ihre Bitten, Wünsche und Nöte auf winzige Zettelchen. Die Stimmung war ganz friedlich und entspannt. Eine beeindruckende Erfahrung.

Es ist für mich ein schönes Ritual, in einer Kirche eine Kerze anzuzünden und mich intensiv auf einen Menschen, einen Wunsch, ein Problem zu konzentrieren, in der Hoffnung, etwas bewirken zu können.

Um einer von mir erdachten Kraft oder Macht meine ganz geheimen Ängste und Sehnsüchte anzuvertrauen, muss ich nicht religiös sein. Wenn ich mich an eine irrationale Größe wende, ist das für mich eine Möglichkeit, mir darüber klar zu werden, was ich auf dem Herzen habe, welche Themen mich beschäftigen, wem ich Gutes und Gesundheit wünsche.

Sicher, es gibt auch Situationen, da sind wir dem Schicksal ausgeliefert. Ein Sturmtief, nennen wir es „Emma" oder „Kirsten", kann uns einen Strich durch die Rechnung machen, wenn wir an solch einem Tag auf ein Flugzeug angewiesen sind, um rechtzeitig zur eigenen Geburtstagsfeier zu Hause zu sein. Da heißt es dann: „Das ist höhere Gewalt, da kann man nichts machen." Ich bete, ich hoffe, ich wünsche mir so sehr, dass ich Glück habe. Soll ich das Bodenpersonal becircen oder gar bestechen? Andere Fluggäste probieren es mit lautem Gezeter und Geschrei. Ohne Erfolg. Ist es Zufall, Glück oder Schicksal, dass nach einigen Stunden ausgerechnet mein Name aufgerufen wird? (Der lauteste Schreihals blieb übrigens zurück.) – Unerwartetes Glück ist wie ein Geschenk.

Andererseits sind wir aber durchaus in der Lage, uns unser Glück selbst zu vermasseln und es uns unnötig schwer zu machen. Treffend beschrieben von Paul Watzlawick in der „Geschichte mit dem Hammer".

Ein Mann will ein Bild aufhängen. Den Nagel hat er, nicht aber den Hammer. Der Nachbar hat einen. Also beschließt unser Mann, hinüber zu gehen und ihn auszuborgen. Doch da kommt ihm ein Zweifel: Was, wenn der Nachbar mir den Hammer nicht leihen will? Gestern schon grüßte er mich nur so flüchtig. Vielleicht war er in Eile. Aber vielleicht war die Eile nur vorgeschützt, und er hat etwas gegen mich. Und was? Ich habe ihm nichts getan; der bildet sich da etwas ein. Wenn jemand von mir ein Werkzeug borgen wollte, ich gäbe es ihm sofort. Und warum er nicht? Wie kann man einem Mitmenschen einen so einfachen Gefallen abschlagen? Leute wie dieser Kerl vergiften einem das Leben. Und dann bildet er sich noch ein, ich sei auf ihn angewiesen. Bloß weil er einen Hammer hat. Jetzt reicht's mir wirklich. – Und so stürmt er hinüber, läutet, der Nachbar öffnet, doch bevor er „Guten Tag" sagen kann, schreit ihn unser Mann an: „Behalten Sie Ihren Hammer, Sie Rüpel!"

Glück ist ein Phänomen und eine Kraftquelle in unserem Leben. Religionen versuchen Antworten auf die Frage zu geben, was Glück ist und wo man es findet. Philosophen zermartern sich seit Jahrtausenden zu dem Thema den Kopf. Psychologen, Soziologen und Glücksforscher beschäftigen sich mit diesem eigenartigen Zustand, der chemisch messbar ist, diesem Augenblick oder Gefühl von Glück.

Es gibt unendlich viele Ratgeber und Instruktionen, wie man sich dem Glück am besten nähert. Rezepte oder Formeln für schnelles Glück verkaufen sich gut – aber wirken sie?

Jeder Mensch weiß, wenn er die Augen schließt und nach innen blickt, wann, wie, mit wem und wo er am glücklichsten ist. Glück ist individuell erfahrbar.

Jeder Tag bietet neue Herausforderungen, jeder Tag ist eine neue Chance, sich in sein Leben zu stürzen, seine Ziele – mit einem Augenzwinkern – zu verfolgen und einen Zipfel seines persönlichen Glücks zu erhaschen.

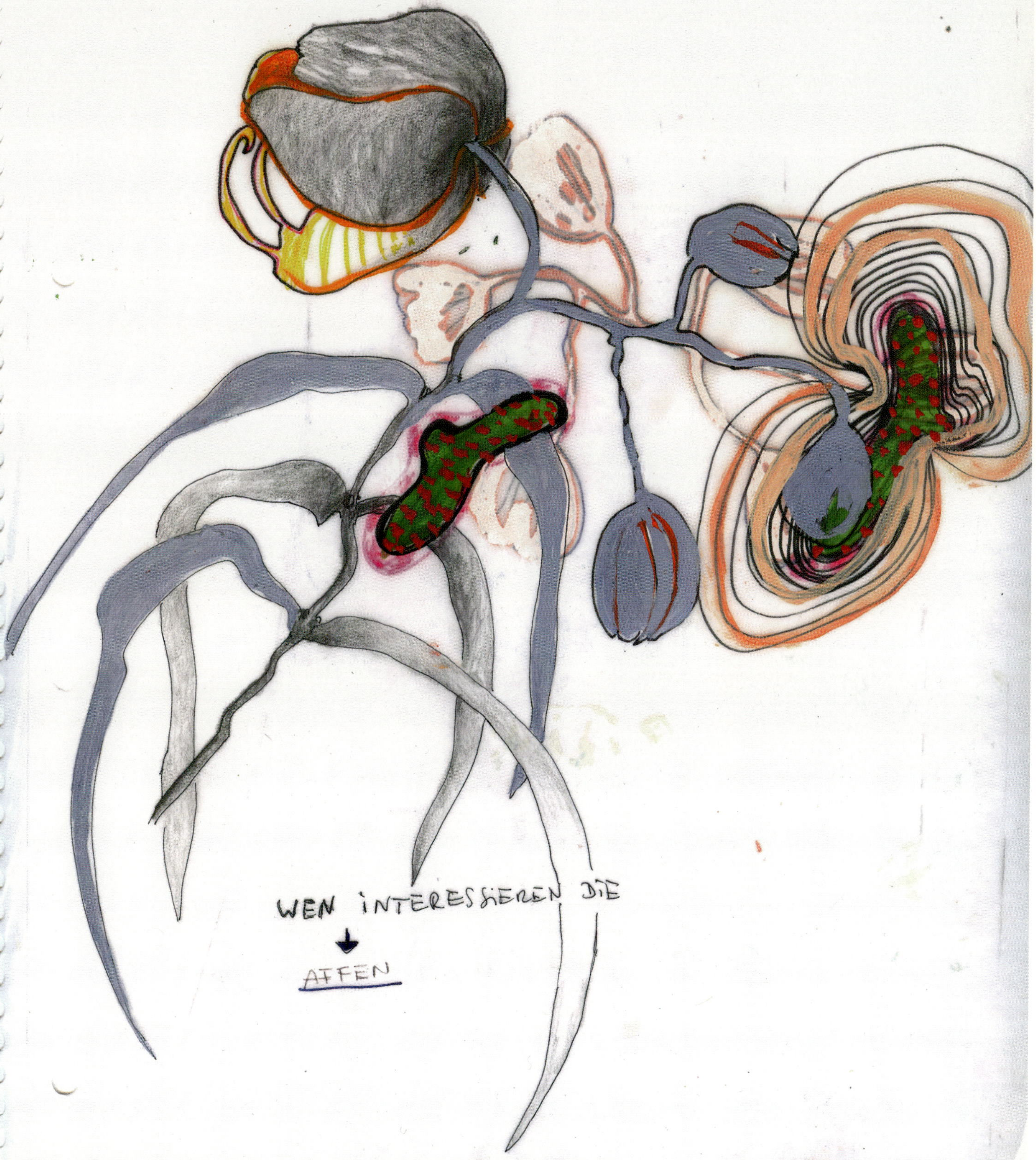
WEN INTERESSIEREN DIE
AFFEN

IST JEDER UNGLÜCKLICH, DER NICHT GLÜCKLICH IST?
REGEN AM HOCHZEITS-TAG
DAS BRING
GLÜCK

Eine Phantasiegeschichte von Kat's

Und dann ist da dieses blaue Traumland ...
Am Ende der Welt steht ein Haus, eine Villa, mit vielen Türmen. Dort wohnt die Fee der weißen Wolken. Sie hat kleine goldene Engel, die ihr morgendliches Bad mit Schleiern aus Blumenblättern richten. In das Haar der Fee wird Vanilleeis drapiert und um ihren Hals bekommt sie einen Hauch von Nichts. Was für ein Gewand. Der Wind klopft an die Tür, wird von den Trollen hereingelassen und umfährt die Dame seiner Träume. Er schmeichelt ihr, sie ist berührt und lässt die weißen Gewänder fallen – sie tanzen durch die Welt ...

Freunde

Weggefährten durch Glück und Unglück

Mach die Tür auf für Gemeinschaft

Schon als Kinder suchen wir uns Verstärkung, Mitstreiterinnen und Weggefährten, die ähnlich ticken und über das Gleiche lachen wie wir. Mit den ersten Freunden messen wir im Spiel unsere Kräfte, verbal und mit Fäusten. Kindern fällt es leicht, Freundschaften zu schließen, aber auch wieder zu lösen und neue einzugehen.

Mit ein wenig Glück und Fürsorge halten sie aber ein Leben lang. Sie wachsen im Laufe der Jahre, machen eine Menge mit und sind eine große Bereicherung. Sie bewähren sich besonders in Notsituationen, wenn der eine den anderen braucht.

Es gibt die unterschiedlichsten Freundschaften. Angefangen bei der flüchtigen Bekannten bis hin zur Busenfreundin, mit der ich durch dick und dünn gehe, für die ich die Hand ins Feuer lege und mit der ich Pferde stehlen kann.

Manchmal bedeutet Freundschaft: tiefe emotionale Verbundenheit.

Andere Freundschaften wiederum sind wie Tauschbörsen: „Du reparierst mein Auto, und ich koche dir Spaghetti." Sehr praktisch! Und keineswegs zu unterschätzen, dieses ausgewogene Geben und Nehmen.

Das kennen wir doch alle: Für jede Stimmung, jedes Bedürfnis, für jedes Problem gibt es die passende Freundin und den passenden Freund. Heute Abend will ich tanzen! Da ruf' ich bei Lisa, der Spaß-Verdopplerin an. Und nicht bei Suse, die laute Musik und Menschenansammlungen nicht ausstehen kann. Mit ihr mache ich übermorgen einen wunderbaren, zweisamen Waldspaziergang. Und danach: Kuchen und Kaffeeklatsch.

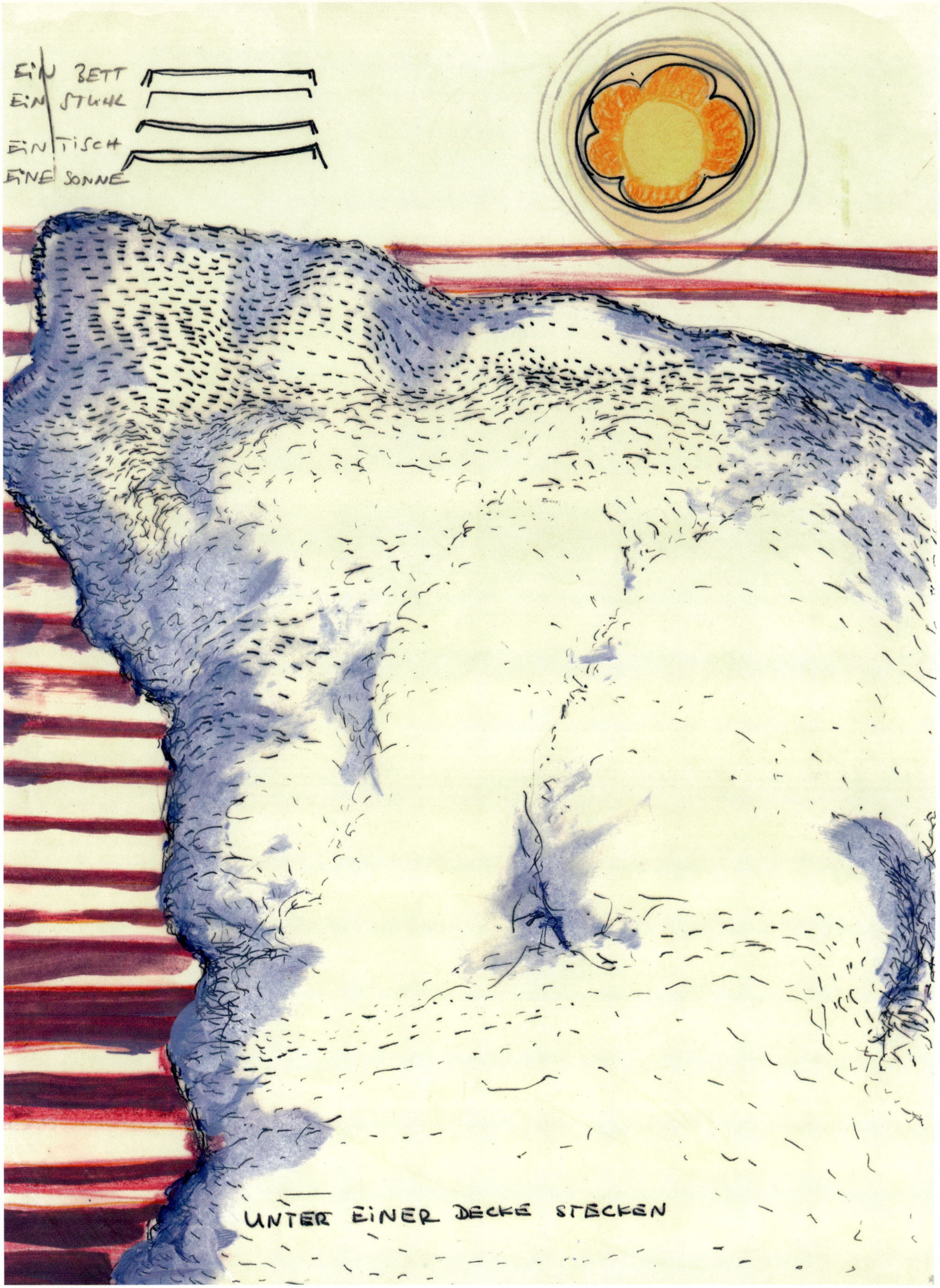
EIN BETT
EIN STUHL
EIN TISCH
EINE SONNE
UNTER EINER DECKE STECKEN

Eine Freundschaft braucht mindestens zwei

Expedition ins Glück nur mit meinen Freunden

Heute, im Zeitalter der Vernetzung, sind Dates ohne lange Vorplanung beliebter als im Voraus voll gepackte Terminkalender. Spontan reagieren heißt die Devise, flexibel mit Verabredungen jonglieren. So verpassen wir nichts, tanzen auf allen Hochzeiten, flitzen flexibel von A nach B nach C. Das bedeutet zwar Freizeitstress und führt, wenn man nicht aufpasst, zu Überdruss, aber zum Glück haben alle Geräte (sogar Handys) einen Ausschaltknopf.

Na ja, ein bisschen neugierig bin ich natürlich schon, und darum checke ich doch noch mal meine E-Mails und stelle das Handy kurz an. Vielleicht hat ja jemand an mich gedacht? Und siehe da, es wäre doch schade gewesen, wenn ich die Einladung von Franz verpasst hätte; er ist ein sensationell guter Koch. Meistens trifft man bei ihm nette Leute, die man lange nicht gesehen hat. Ein phantastisches Essen und eine gute Gelegenheit für neue Verabredungen ...

WENN ICH KOMME DANN MIT DEM SCHIFF

Brieftauben kommen nie aus der Mode

WAS KANN DAS SEIN
FREUNDSCHAFTS DIENST
WEINTRETEN

Wer isst schon gern allein? Drei Tage die gleiche Suppe auf dem Herd: Am ersten Tag der erste Teller, der schmeckt gut. Am zweiten Tag der zweite geht gerade noch – ich esse mehr aus Vernunft. Dann folgt der dritte Tag und der dritte Suppenteller. Jetzt hilft auch keine Vernunft mehr, der Appetit verschwindet schlagartig, und irgendwie riecht die Suppe schon so komisch. Da rettet mich nur ein Anruf: „Gehst du mit mir essen?“

Oder noch besser: Ich lade Franz ein (der hat ja noch was gut bei mir) und eine Handvoll Freunde obendrauf. Vorfreude ist die schönste Freude, da macht schon das Einkaufen richtig Spaß. Das bevorstehende Essen im Kreis der treuen „Mitfutterer“ euphorisiert mich. Nicht nur Liebe geht durch den Magen, sondern auch Freundschaft. Die Zutaten für ein gelungenes Schmausen: meine Gäste, meine Freunde. Unser Nachtisch: Geist, Witz, lebendiger Austausch. Übrigens: Damit die Freundschaft nicht überstrapaziert wird, hat es sich bewährt, neben der Anfangszeit auch das Ende des Mahls gleich mit anzukündigen. Alle sind froh, wenn sie nicht bis in die Puppen bei mir sitzen müssen, aus lauter „Höflichkeit“. Lieber beim Abwasch helfen und dann die Fliege machen.

Meine wichtigsten Freunde und Freundinnen treffe ich glücklicherweise ein bis zwei Mal im Monat einen ganzen Tag oder Abend lang. Wir müssen unbedingt alles Wichtige bequatschen: die Beziehung, den Job, die akuten Freuden und Probleme, existentieller und emotionaler Natur. Super, und beim nächsten Mal gehen wir ins Kino. Ich habe einen schönen Film für uns im Auge, mit Heulgarantie. Ich bringe die Taschentücher mit. Wir telefonieren.

Tiefe Freundschaft, Verbundenheit fühlen wir, wenn wir auf gemeinsam erlebte und bestandene Lebenssituationen zurückblicken können. Freunde und Freundinnen – sie sind im wahrsten Sinn des Wortes Wegbegleiter. Besonders dann, wenn die Not groß ist und wir uns gegenseitig wirklich brauchen. Liebeskummer, Existenzängste, schwere Schicksalsschläge wie Krankheit und Tod werfen dunkle Schatten über unser Leben.

Zuhören, da sein, Anteil nehmen, Zeit haben, die Freundin in den Arm nehmen, heulen lassen, mitheulen, teilen, trösten, helfen mit einem heißen Getränk, mit einem „Ich kümmere mich um dich". Wer das erlebt hat, weiß, wie wichtig diese gemeinsame Zeit ist. Wir müssen nicht immer eine Lösung parat haben, viel entscheidender ist es, sich mit Mitgefühl und Respekt zu begegnen und sich zu vertrauen. Das schweißt zusammen.

Und oft ist Helfen ganz einfach: Da genügt es, das Auto zu borgen, Geld zu leihen oder einen Schlafplatz anzubieten.

Es gibt aber auch das Gegenteil vom Zusammenwachsen. Ein heftiger Streit, eine fiese Meinungsverschiedenheit kann eine Freundschaft, die so unzertrennlich schien, auseinander bringen, auf Nimmerwiedersehen. Vielleicht sogar eine gute Lösung – für beide.

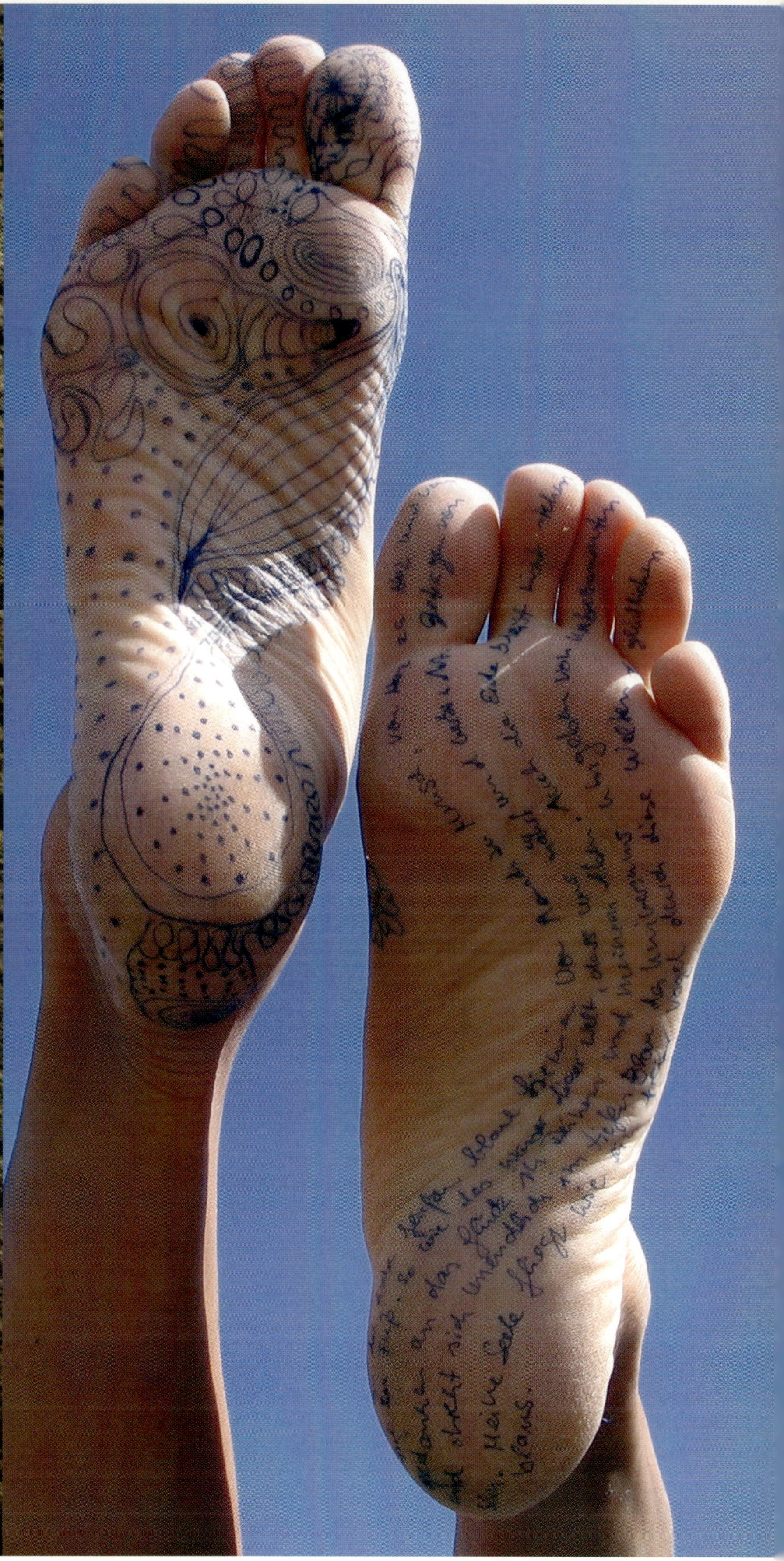

MEINE LIEBESERKLÄRUNG AN DIE EINSAMKEIT
1
2
3
HÄLT
DREI
TAGE

An freundschaftliche Verbindungen werden eben die unterschiedlichsten Anforderungen gestellt. Sie dürfen sich immer wieder aufs Neue bewähren, sollen wachsen und gedeihen. Eine echte Busenfreundschaft hält alles aus und verbindet auf lange Zeit.

Wie schön und bereichernd, wenn Freunde oder Freundinnen sich immer wieder gemeinsam in neue Situationen begeben. Zum Beispiel zusammen in die Ferien fahren. Plötzlich hat man an einem fremden Ort unendlich viel Zeit miteinander, länger als jede bisherige Verabredung. Gewohnheiten und Gepflogenheiten werden hautnah miterlebt. Nach so einem Urlaub weiß man einiges mehr und mit Sicherheit auch, wo die Grenzen liegen. Eine schöne Erfahrung. Das geht zu zweit, zu dritt, mit und ohne Kind, Sommer wie Winter.

Freundschaften wollen gehegt und gepflegt werden, das steht außer Frage. Eine „Arbeit", die sich lohnt, weil eine tiefe Freundschaft glücklich macht.

Und doch, wer fragt sich nicht manchmal: „Mein Gott, wie viele treue, teure Freunde und Freundinnen habe ich wirklich? Wen würde ich als erstes anrufen? Gibt es da jemanden? Stimmt mein Gefühl mit meiner Erwartung überein? Will ich Silvester tatsächlich allein sein? Meinen Geburtstag dieses Jahr nicht feiern?" Wie herrlich, wenn in solchen Augenblicken die lieben Wegbegleiter an mich denken, mich schnappen und mir ein Fest bereiten. Das macht mich glückselig und ich bin zu Tränen gerührt über diese verrückte Rasselbande toller Freunde.

Es lebe die Freundschaft, denn Alleinsein ist zwar erlernenswert, aber nicht abendfüllend. Ich bin (man wird es erraten haben) eher der gesellige Typ und wünsche mir eine bunte Meute von herzensguten, ehrlichen Seelen. Freunde, die gerne reden und zuhören, mich bis ins hohe Alter begleiten und (natürlich) gut kochen.

Freundschaft ist nicht umsonst

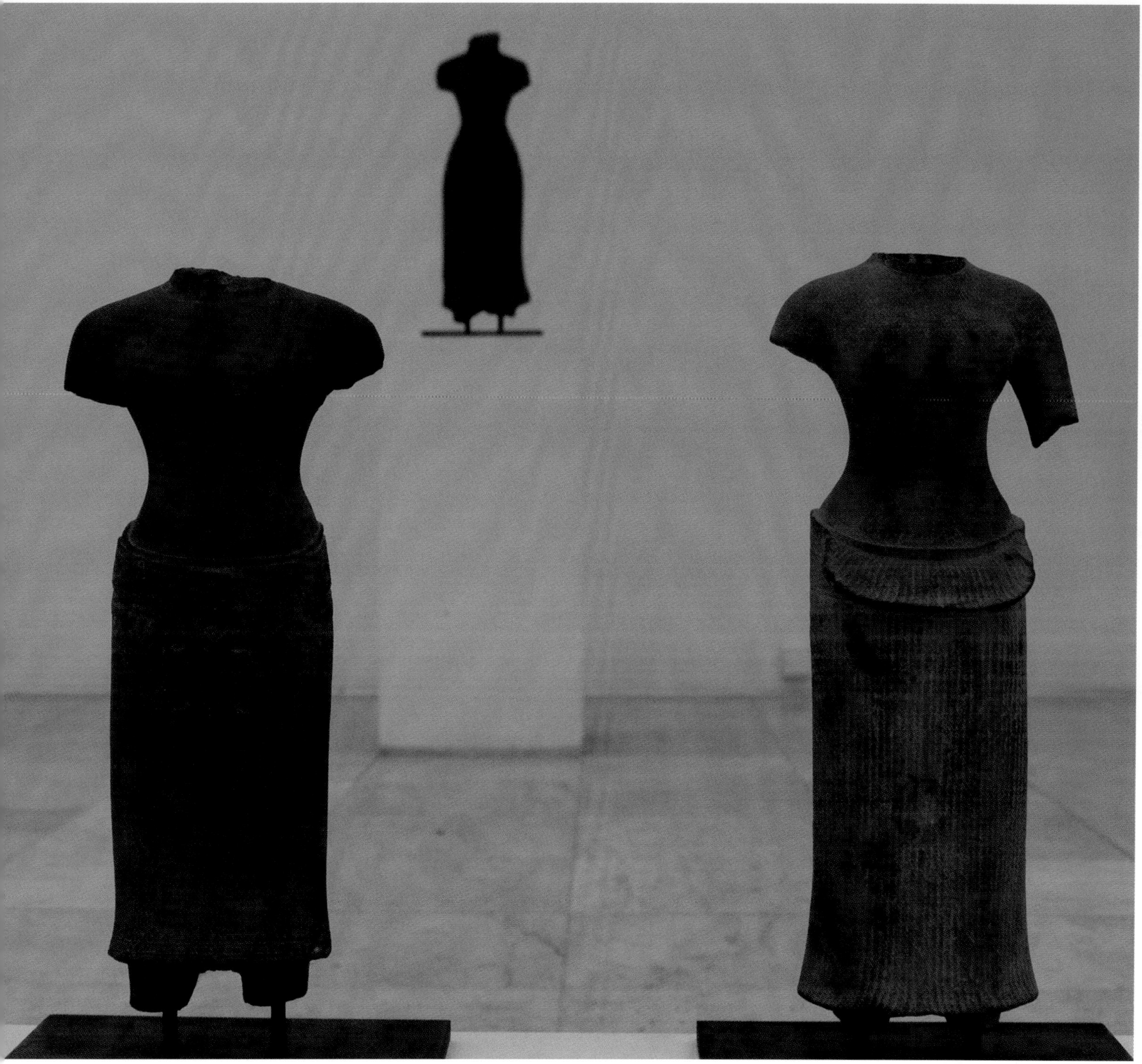

Zeitlose Kostbarkeit

FÜR IMMER – NIE SAGEN SIE

Zuversicht teilt Zukunft

GESCHENKE

Richtige und falsche Glücksbringer

Geschenke sind eine tolle Erfindung! Die meisten Menschen, ob groß, ob klein, ob alt, ob jung, lieben es, beschenkt zu werden. Ein Geschenk ist mehr als eine Geste, manchmal mehr, als Worte sagen können, und oft eine schöne Überraschung. Leider kann es auch das Gegenteil sein, nämlich eine bittere Enttäuschung, weil man mit dem Geschenk nichts, aber auch gar nichts anzufangen weiß. Doch dazu später.

Ein Geschenk weckt die Hoffnung und die Sehnsucht, durch etwas Schönes bereichert zu werden. Meistens gehören zwei dazu: der Mensch, der schenkt, und der Beschenkte. Geschenke sagen demnach auch eine Menge über die jeweilige Beziehung aus. Na, man kennt das ja, kennt sogar beide Seiten der Medaille, nämlich zu schenken und beschenkt zu werden. Die Erwartungen sind hoch. Einerseits mit dem Geschenk zu landen, am besten einen Volltreffer, und andererseits ein Geschenk auszupacken und sprachlos darüber zu sein, dass soeben ein lang gehegter, inniger Wunsch in Erfüllung ging. Mein Gott, wie schön, ich bin gerührt, da hat sich jemand wirklich Gedanken gemacht und mich verstanden.

Wie wunderbar, dass es neben kunstvoll verpackten, womöglich selbst gebastelten, mit viel Liebe ausgesuchten, teuren, preiswerten oder ideellen Überraschungseiern auch Geschenke gibt, zu denen nichts nötig ist, wirklich gar nichts, außer der Lebendigkeit des Augenblicks. Das sind ganz besondere Ereignisse, so genannte Geschenke des Himmels, die individuell Glück bescheren.

Für mich war so ein Geschenk des Himmels, als ich das erste Mal in meinem Leben Delphine gesehen habe. Eine Stunde haben wir sie mit dem Boot begleitet. Immer wieder bin ich zu ihnen in das weite, tiefe und dunkle, ganz ruhige Meer gesprungen. Mit ihnen zu schwimmen, ihnen so nah wie möglich zu sein, war faszinierend und wie ein glückseliger Rausch. Noch heute höre ich das sanfte Schnaufen dieser schönen Tiere und fühle die Leichtigkeit, die ich damals empfunden habe. Ich hatte mir schon lange ersehnt, einem Delphin zu begegnen, und dort, in Mexiko, wurde meine Hoffnung ganz überraschend erfüllt, und sogar mit einem ganzen Schwarm! Unglaublich! Toll! Ich könnte heute noch mein „Danke" in die Welt rufen.

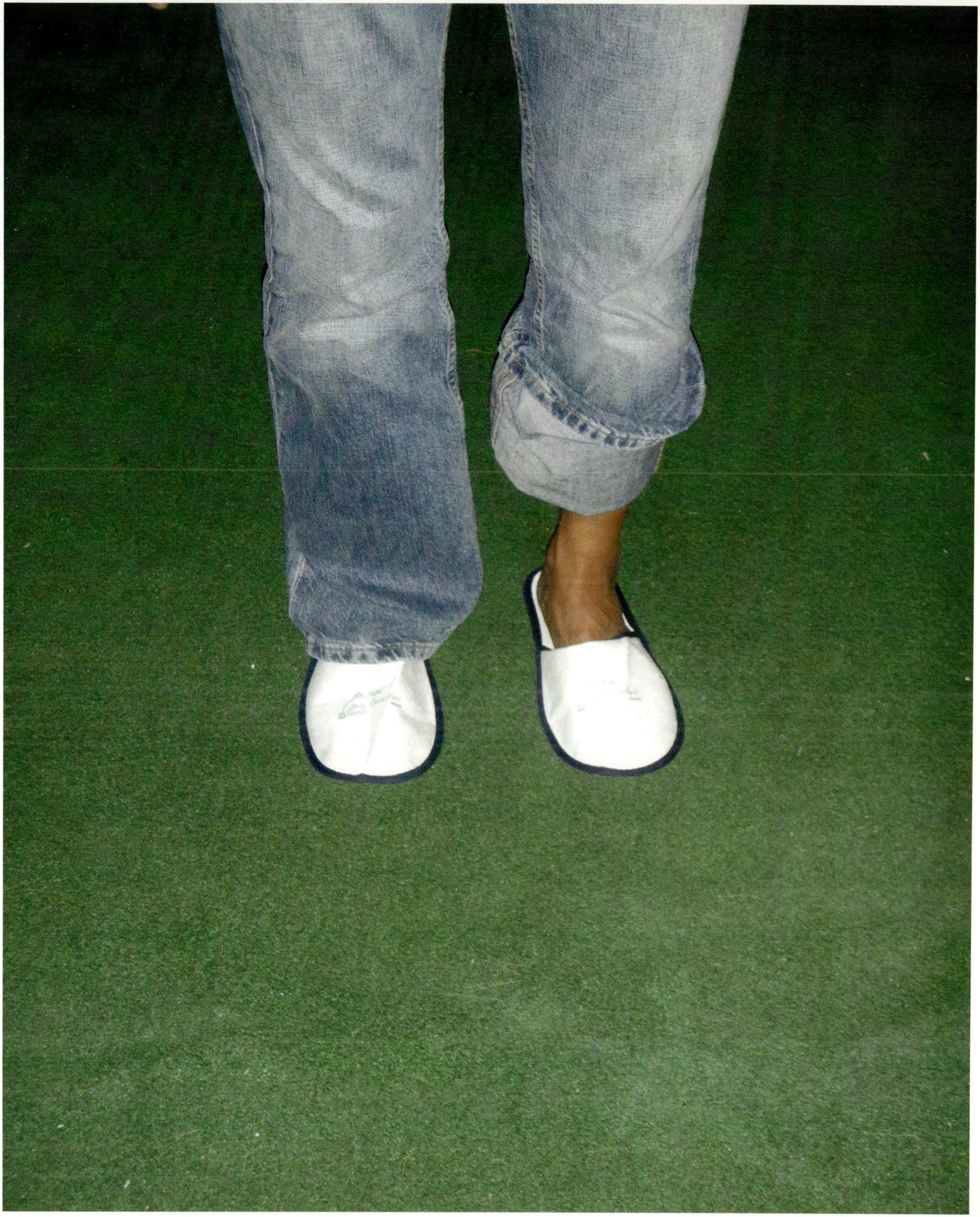

Orange – Emotion – Erleuchtung

Gelernt habe ich, dass es Anlässe für Geschenke gibt: Geburtstage, Weihnachten, Hochzeiten und natürlich irgendwelche Jubiläen – das sind sie auch schon, die offiziellen Geschenktage, die mir bekannt sind. Geschenke zu solchen Anlässen sind die stressigsten Geschenke – es bedeutet Stress, sie auszusuchen, und Stress, sich über die ausgesuchten Geschenke zu freuen.

Und dabei sollen Geschenke ja eigentlich glücklich machen ... Auch wenn das wie ein Werbeslogan klingt, wir „schenken" ihm gerne Glauben.

Bis man eine böse Überraschung erlebt: Nach dem Auspacken eines Geburtstagsgeschenks von einem wirklich engen und langjährigen Freund war ich von dem, was sich da im Geschenkpapier versteckte, so unendlich enttäuscht, dass mir das „Danke, wie nett" nur schwer über die Lippen kam. Ich wachte nachts auf und überlegte, warum ich ihm das langweilige und unpassende Geschenk, mit dem er so komplett danebenlag, nicht einfach um seine freundschaftlichen Ohren gehauen habe. Nein, ich habe brav mein „Dankeschön" aufgesagt, wie ich es von früher Kindheit an gelernt hatte. Und jetzt liegt es herum, das doofe Geschenk, staubt ein und erinnert mich immer wieder aufs Neue an diese Enttäuschung durch einen meiner besten Freunde. Auweia!

Seit ich diese Situation erlebt habe, ziehe ich es vor, auf Nummer sicher zu gehen, wenn ich selbst schenke. Im besten Fall stehe ich der Person, die ich beschenken will, so nahe, dass sie mir schon mehrfach die Möglichkeit gegeben hat, ihre Wünsche direkt zu erfahren. Da heißt es aufgepasst und gut merken. Am einfachsten ist das, wenn ich zu dem Menschen ein, sagen wir, emotionales Verhältnis aufgebaut habe und mir sein Herzenswunsch sowieso eine Herzensangelegenheit ist!

Bin ich unsicher und fällt mir zu der Person, die ich beschenken will, nicht wirklich etwas Passendes ein, dann vermeide ich jedes Risiko. Unverfänglich und durchaus beliebt sind selbst gebastelte Gutscheine für eine besondere Leidenschaft des zu Beschenkenden – ein Essen beim Italiener, Thailänder oder Griechen zum Beispiel oder ein Buch bis zwanzig Euro oder ein Theaterbesuch nach der Devise: „Such dir das Stück doch am besten selbst aus – vielleicht komme ich dann mit ..." Ich überlasse dem Glückspilz die Qual der Wahl und bin fein raus. Beide Seiten sind fein raus. Solche Präsente darf man allerdings nicht überstrapazieren, sie wirken sonst schnell einfallslos.

Neben diesen Geschenken zu bestimmten Anlässen gibt es natürlich auch noch die Zwischendurch-Geschenke, Dinge, über die man einfach so stolpert und die einen an einen lieben Freund, eine alte Freundin denken lassen, Ideen die man plötzlich hat und am liebsten sofort verwirklichen will. Diese spontanen Geschenke brauchen keinen Anlass, außer den Wunsch, jemanden in Verzückung zu versetzen, zu überraschen, zu beglücken, vielleicht sogar in Verlegenheit zu bringen oder zu Tränen zu rühren. – Wenn es klappt, für beide Seiten eine beglückende Erfahrung, und der Spaß des Schenkenden kommt dabei nicht zu kurz.

ICH WÜNSCH MIR WAS –
→ VIELLEICHT EIN ROSA HIMMELBETT –
→ AUF JEDEN FALL DEN HIMMEL AUF ERDEN
UND DASS ICH WUNSCHLOS GLÜCKLICH BIN
DANKE FÜR ALL DIE SCHÖNEN BLUMEN

Nach dem Motto „Vorfreude ist die schönste Freude“ lässt sich die aufgeregte Erwartung beim Geschenkempfänger in spe noch steigern, indem man die Überraschung ankündigt, sein Gegenüber neugierig macht, ein bisschen auf die Folter spannt. Kurz bevor der so „Gequälte“ vor Neugier zerplatzt, beschenkt man ihn dann endlich. Dieser Augenblick, in dem das Präsent den Besitzer wechselt, vom Verpacker zum Auspacker wandert, ist der ersehnte Höhepunkt. Nun wird das Verborgene sichtbar, das Rätsel wird endlich gelöst – oh, wie wunderbar, wenn die Augen glücklich funkeln, jemand vor Freude übersprudelt, Beschenkter und Schenkender einander in die Arme fallen, sich drücken, herzen, man „Danke, Danke, Danke, du bist verrückt“ hört und mit Küssen übersät wird. Im besten Fall wird das Geschenk dann sofort ausprobiert, angezogen, aufgelegt, zusammengesetzt, ausgetrunken, aufgegessen, aufgestellt, hingehängt, angefühlt – je nachdem, um was es sich handelt.

Mir selbst hat einmal jemand ein Liebesgedicht ins Ohr geflüstert, das war ein unbeschreiblicher Moment und eines der ungewöhnlichsten und schönsten Geschenke, die ich je in meinem Leben bekommen habe. Immer und immer wieder wollte ich es hören, so sehr haben mich die Worte und die Art und Weise des Überbringens berührt.

Wie großartig ein Geschenk tatsächlich ist, wird immer erst in dem Moment klar, wenn ich es erhalte und es etwas in mir auslöst.

Und dabei ist es egal, ob es sich um ein Geschenk für den Augenblick handelt wie das Gedicht oder ob es nur kurze Zeit Bestand hat wie Blumen oder ein Getränk. Der Moment des Schenkens ist entscheidend. Vielleicht ist es auch ein Geschenk für die Ewigkeit, ein Schmuckstück etwa, damit für immer verknüpft die Erinnerung an eine bestimmte Zeit, an einen bestimmten Menschen.

Schmuck ist der Klassiker unter den Geschenken für die Dame. Und beim Thema Schmuck denkt man natürlich gleich an all die Frauen, die sich gerne reich beschenken lassen. Viel Glitzer, viele Perlen, viele Diamanten, damit die Welt sieht, wo sie herkommt und wie sehr ihr Verehrer oder Gatte sie wertschätzt. Je größer der Brillantring, desto besser die gesellschaftliche Stellung, glaubt sie, und die anderen, die sollen nur neidisch gucken.

Das Pendant zum Schmuck bei Männern ist das Auto, das Statussymbol schlechthin und ein so genannter fahrbarer Glücksbringer. „Ich fahre gerne schnell, Schatz" – schon mal gehört? Allerdings beschenkt sich die Männerwelt mit diesem Präsent am liebsten selbst.

Kindern kann man besonders leicht eine Freude machen, Hauptsache, das Mitbringsel ist bunt, rund und macht viel Krach.

Besonders weit oben auf dem Wunschzettel eines Kindes zu Weihnachten steht ein lebendiges Geschenk, ein Hund, eine Katze oder wenigstens ein Meerschweinchen. Das verstehe ich gut. Ich war neun Jahre alt und hatte die ganz konkrete Sehnsucht nach einem Hund, nach meinem Hund. Einen räudigen Kater hatte ich schon zu Hause eingeschmuggelt – ich hatte das kleine Ding gefunden und den Eltern die Geschichte von der totgefahrenen Katzenmutter erzählt. Klar, ich durfte ihn behalten. Es dauerte nicht lange, und ich bekam einen Hund dazu, plötzlich kam es auf ein Tier mehr oder weniger nicht mehr an. Viele Jahre lang hatte ich echte treue Freunde an meiner Seite, mit denen ich jeden Tag in der Natur tollte, denen ich alles erzählen konnte und die auf meinem Bett lagen, wenn ich krank war. Ein lebendiges Geschenk ist wunderbar, wenn es passt und Platz und Zeit dafür vorhanden sind.

Inzwischen habe ich gelernt, mich auch selbst zu beschenken. Schon mal ausprobiert? Es ist wundervoll, wenn man sich ab und an selbst beglückt und belohnt.

Ich glaube, um im Leben den geschenkten Glücksbringern begegnen zu können, müssen wir lernen, unsere eigenen Wünsche zu formulieren. Geschenke sind wahr gewordene Wünsche.

Geben und nehmen

Handtaschen
Wie viele Handtaschen braucht eine Frau für ihr Glück?

Es ist doch auffällig, dass jede Frau, die etwas auf sich hält, dafür Sorge trägt, eine der angesagtesten Handtaschen zu besitzen. Und wenn sie sich die Handtasche ihres Herzens nicht leisten kann, beschafft sie sich zumindest eine Imitation des Objektes ihrer Begierde. Im Handel sind sie längst zu haben.

Was aber macht glücklich, frage ich mich – die Marke, die Tasche oder der Inhalt derselben?
Ich selbst gehöre ja zu den Frauen, die Handtaschen eher lästig finden, besonders die kleinen, bunten, die ich noch nicht mal über der Schulter tragen kann, sondern möglichst elegant und ohne mich dabei zu verheddern von meiner linken in die rechte Hand gleiten lassen muss wie ein unbequemes Etwas. Darum stellt sich für mich die Frage: Was ist der Sinn und Zweck einer Handtasche für die Frau von heute? Handtaschen sind immer mehr zu einem Statussymbol geworden. Sie passen zu einer bestimmten Mode, Saison oder Preisklasse und unterteilen die Handtaschenträgerinnen in schick, reich, etabliert, spießig, alternativ, up to date, sportlich, klassisch, praktisch oder geschmacklos.

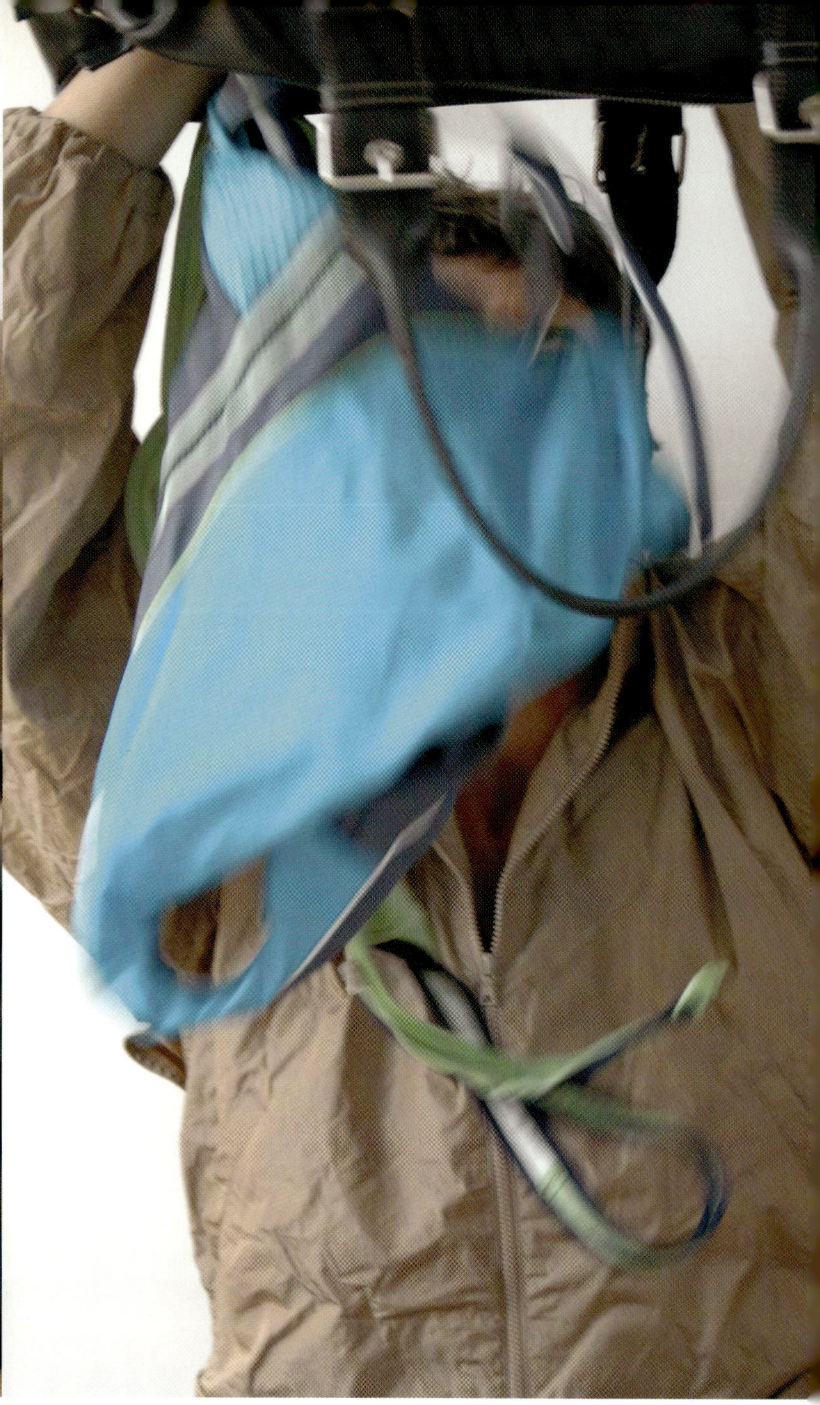

In meiner Tasche herrscht Feng Shui

Wenn ich Handtasche nebst Besitzerin so auf der Straße vor mir entlangschlendern sehe, weiß ich allerdings noch nicht, was sich in den Tiefen dieser Transportbehältnisse mit und ohne Riemchen befindet. Dabei sagt der Inhalt einer Handtasche doch noch mehr über die Besitzerin aus als die Tasche selbst.
Ist sie aufgeräumt? Übersichtlich gepackt? Weiß die stolze Beutelträgerin, wenn sie ins dunkle Innere greift, wo sie findet, was sie sucht?
Wie oft schon habe ich Verzweifelte gesehen, die kurz vor einem hysterischen Anfall auf der Suche nach dem Handy kurzerhand den gesamten Inhalt des geliebten Objekts auf dem Tisch ausgeschüttet haben. Das ist der Moment, da es für Außenstehende interessant wird. Denn jetzt erfahre ich wirklich so gut wie alles über die Persönlichkeit der Taschenausschütterin.

TASCHEN LAMPE =
HANDTASCHENLICHT
TUSSITASCHE VON WIETOLL (PREIS AUF ANFRAGE).

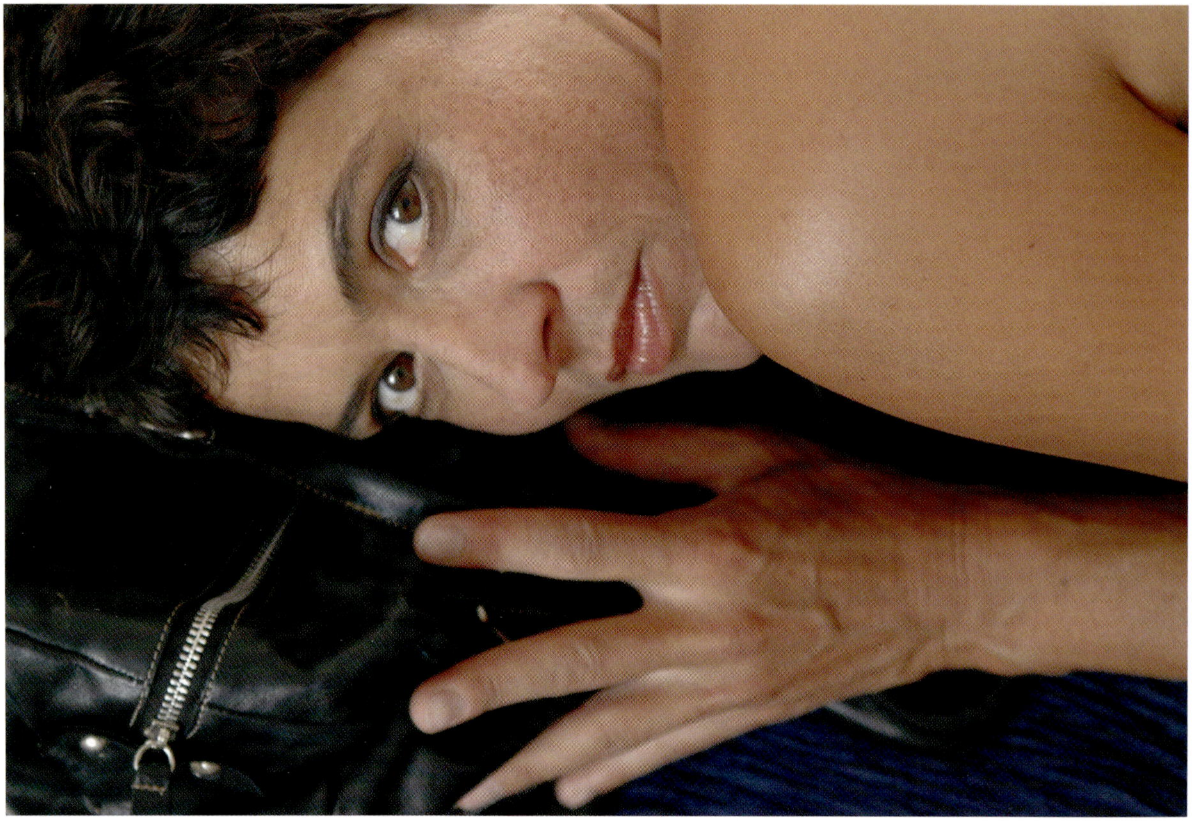

Abgesehen von den üblichen Accessoires wie Portemonnaie, Timer, Lieblingslippenstift, Make-up für unterwegs, Kugelschreiber und andere Stifte, Tempotaschentücher, Not–o.b., Handy, gegebenenfalls die Pille, Aspirin, Sonnenbrille und Pfefferminz kommt so manche Überraschung zum Vorschein:

Eine Banane. Die Dame hat öfter kleine Hungerattacken und ist für diesen Ernstfall gerüstet.

Ein Slip, Tanga oder Schlüpfer in Feinripp. Sie ist gewappnet für den Morgen danach. Wer weiß schon, wenn sie morgens mit der Handtasche aus dem Haus geht, was an so einem Tag und in der darauf folgenden Nacht alles passieren kann ...

Eine Zahnbürste inklusive Zahncreme und Zahnseide. Ein Indiz dafür, dass wir es mit einer sehr gewissenhaften Zahnpflegerin zu tun haben, die sich nach jedem Essen die Zähne putzt. Vielleicht hat die Ärmste aber heute auch noch einen Zahnarzttermin. Oder ihre Tasche birgt die Kombi Slip und Bürste, dann gelten die Utensilien doch wieder dem Morgen danach.

LEBENSKLUGHEIT
GEFUNDEN

Ganz andere Interpretationsmöglichkeiten sind denkbar, wenn etwa diverse Schlüsselbunde auftauchen. Sie lassen darauf schließen, dass die Dame Zugang hat zu mehreren Wohnungen, Büroräumen, Aktenschränken, Autotüren, Postfächern, Briefkästen oder Herzen. Eine Lesebrille, die eine Sehschwäche verrät und eventuell auf ihr Alter schließen lässt, na, sagen wir, über vierzig.
Nanu, Tränengas und Trillerpfeife – die Besitzerin der Tasche wohnt offenbar in einer übleren Gegend oder hat Angst im Dunkeln.
Ein – natürlich! – Taschenbuch, und wenn ich den Titel entziffern kann, weiß ich wieder ein bisschen mehr über die passionierte Leserin. Ein Liebesroman? Ein Ratgeber? Ein blutiger Thriller?
Da liegt noch ein zerknüddelter Brief, von wem der wohl ist? Vom Liebsten, der Freundin, dem Scheidungsanwalt, eine Rechnung? Oder hat sie ihn selbst geschrieben und nicht gewagt abzuschicken?
Ein Nagelnecessaire, nicht weiter ungewöhnlich, denn dafür gibt es tatsächlich immer wieder mal Bedarf.
Ein Flugticket. Jetzt wird es wirklich spannend – ist die Lady vielleicht auf der Flucht? Haut sie ab? Hat sie jemanden Hals über Kopf verlassen? Und wenn ja, ist die Handtasche dann ihr einziges Gepäck?

So wird der ganze Wahnsinn des Lebens im Inhalt einer Tasche sichtbar. Eine Handtasche, das Herzstück einer jeden Frau, ist mehr als nur ein Aufbewahrungsbehälter zum Mitnehmen, ein Kruschtelbeutel zum Wühlen, ein Statussymbol für die Umwelt – es ist der Überlebenskoffer der modernen Frau.
Da kann die Wohnung abbrennen, das Auto abgeschleppt werden, das Date platzen. Eine Frau, die ihre mit ganz persönlicher Note gepackte Handtasche bei sich trägt, hat nichts zu befürchten. Sie ist auf der sicheren Seite, sie hat alles, was ihr wichtig ist und am Herzen liegt, dabei, ihr ganzes Leben sozusagen, und ist auf alles vorbereitet, für jede Eventualität gewappnet. Das ist der Schlüssel zum Glück – und der steckt in diesem Fall in der Handtasche.

Schönheit

Wie schön du bist – innen und außen

Über Schönheit lässt sich streiten:

EVA: Du blöde Kuh, du hast mir gar nicht richtig zugehört.

ANNE: Wieso? Du sagst, du willst dich liften lassen, und ich frage dich, warum? Bist du dann glücklicher? Das ist doch der Anfang vom Ende!

EVA: Du hast gut reden, du stehst ja morgens nicht auf, schaust in den Spiegel und bekommst Depressionen. Hast du Demi Moore in der letzten Vogue gesehen? Die sieht super aus. Sie gibt zu, dass sie geliftet ist.

ANNE: Ich kriege Depressionen, wenn ich diese Illustrierten aufschlage und die so genannten Schönen sehe. Das sind doch alles „Hingeschönte", erst operiert, dann von Profis geschminkt, ins rechte Licht gesetzt, fotografiert und retouchiert. Da wird dir etwas vorgegaukelt, und du baust deine Hoffnung auf ein besseres Leben darauf.

EVA: Was dagegen?

ANNE: Du kennst doch bestimmt Meg Ryan.

EVA: Klar.

ANNE: Die hatte was. Sie war nie besonders schön, aber sie war süß, fand ich, so wie sie gespielt hat. Und jetzt, operiert, sieht sie aus, also ich weiß nicht, das klingt vielleicht gemein, aber sie sieht aus wie ein Frosch.

EVA: Meg Ryan hat viel zu viel machen lassen. Ich will nur ein paar Kleinigkeiten, winzige Korrekturen an meiner Nase, am Mund, an den Augen und vielleicht die eine Stirnfalte straffen lassen. So, dass es keiner merkt. Nicht mal du.

ICH BIN ODER NICHT

ANNE: Dass ich nicht lache. Das sehe ich sofort. Irgendwas wird mich irritieren und dann weiß ich, auweia, jetzt hat sie es getan. Nach ein paar Jahren kommt der nächste Schnitt und immer so weiter – und eines Tages, weil ich dich länger nicht gesehen habe, werde ich dich nicht wieder erkennen, aber das nimmst du ja in Kauf.

EVA: Mein Gott, du bist ja richtig beleidigt. Ich will einfach nur meinem Alter entwischen. Verjüngung durch die eine oder andere kleine Veränderung. Im Jargon der Schönheitschirurgen heißt das: „das wahrnehmbare Alter vom kalendarischen abkoppeln". Meinst du nicht, dass jeder Mensch ein Recht darauf hat, so jung auszusehen, wie er oder sie sich fühlt?

ANNE: Da gibt es bei dir wohl eine echte Kluft zwischen Empfinden und Aussehen.

EVA: Wie meinst du das?

ANNE: Du fühlst dich jünger und attraktiver als du aussiehst. Mit anderen Worten: Wir zwei sehen alt aus.

EVA: Ach so, du hast Angst, ich könnte nach der OP plötzlich wahnsinnig toll ankommen, jung und gut aussehend, während du immer weiter alterst, ganz „natürlich".

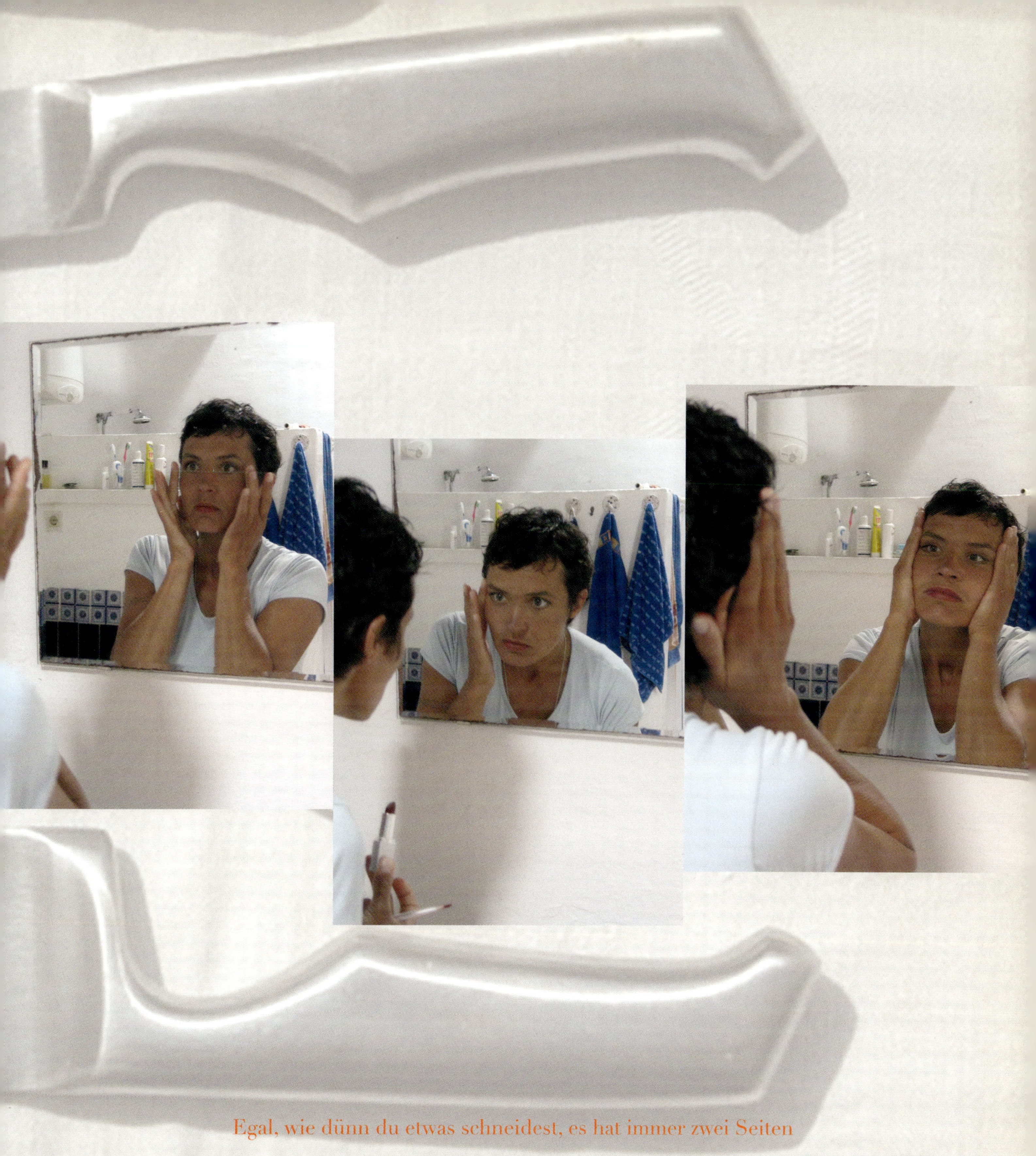

Egal, wie dünn du etwas schneidest, es hat immer zwei Seiten

Am liebsten würde ich gar nicht aussehen

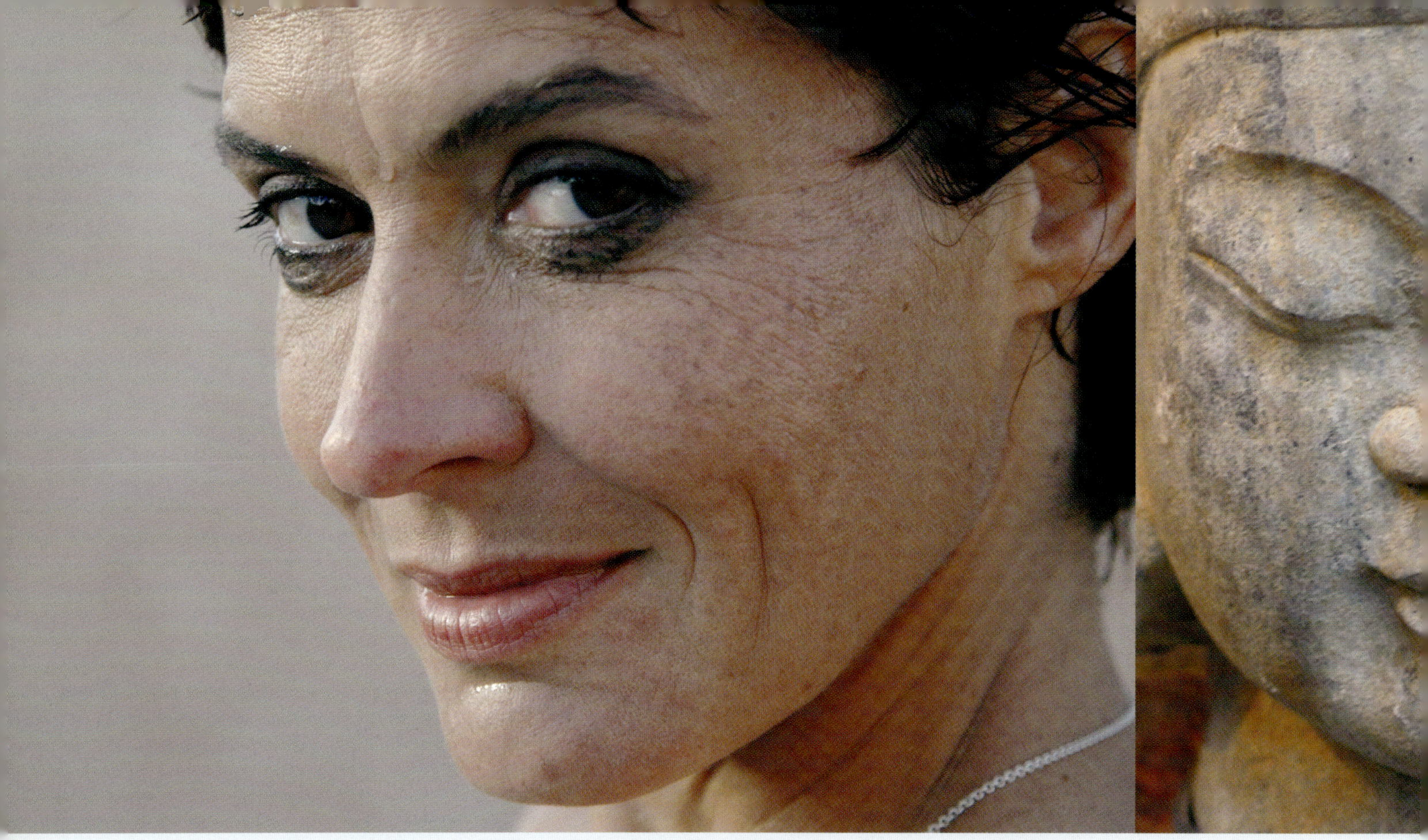

Ich bin ich: magische Ausstrahlung, einzigartiges Charisma, authentisch

ANNE: Also jetzt geht's los. Ich will mich mit dir kritisch über diese Art der Verschönerung auseinander setzen und muss mir anhören, dass ich in Kürze als alte Schabracke neben dir schlecht abschneiden werde.

EVA: Was hast du nur gegen meinen Entschluss, mich liften zu lassen? Es geht mir darum, etwas für mich zu tun, damit ich mich besser fühle, mein Selbstwertgefühl wieder steigt. Was ist dagegen zu sagen?

ANNE: Wahrscheinlich sollte ich mich da wirklich raushalten und dir einfach nur alles Gute und einen begnadeten Chirurgen wünschen. Ich finde diese Schönheitsschnipselei eine Katastrophe.

EVA: Du musst dich doch gar nicht liften lassen. Ich wünsche mir nur ein wenig emotionale Unterstützung.

ANNE: Ich glaube, wenn mein Inneres im Lot ist und ich in der Lage bin, mit der einen oder anderen Stimmungsschwankung umzugehen, dann wird sich das auf mein Äußeres auswirken. Also macht es doch mehr Sinn, mich um meine Seele zu kümmern, oder?

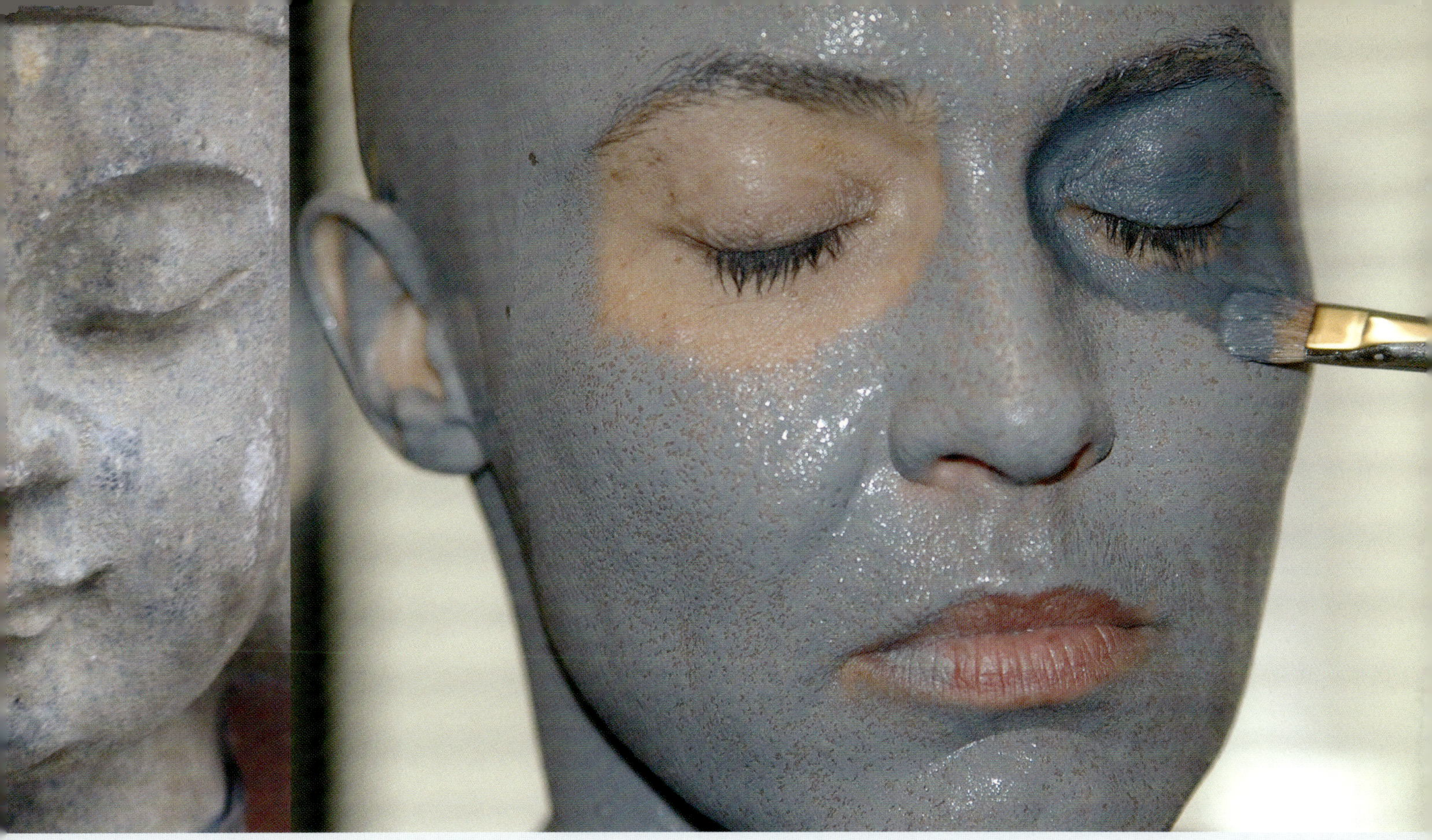

EVA: Das glaubst du? Das ist absoluter Blödsinn. Wie soll das denn gehen? Du musst schon auch von außen ran. Haare, Klamotten, Styling und eben Lifting.

ANNE: Ich sage dir jetzt etwas. Obwohl man sich so was vielleicht noch nicht einmal als beste Freundinnen sagt, und ich gehe sogar das Risiko ein, dass du gleich fluchtartig das Café verlässt.

EVA: Was kommt denn jetzt?

ANNE: Du willst schön gefunden werden, gemocht werden, bist ausgehungert nach Bestätigung. Das sind alle Menschen, mehr oder weniger. Aber du setzt wirklich alles auf dein äußeres Erscheinungsbild. Du machst dich von der Meinung anderer abhängig. Und jetzt guck' doch mal, wie du aussiehst!

EVA: Wie bitte? Ich war gestern beim Friseur und bei der Kosmetikerin, ich mache wirklich eine Menge für mein Aussehen, im Gegensatz zu dir!

ANNE: Aber ehrlich gesagt, diese Haarfarbe steht dir doch gar nicht. Wie konntest du dir dieses Orange nur aufquatschen lassen?

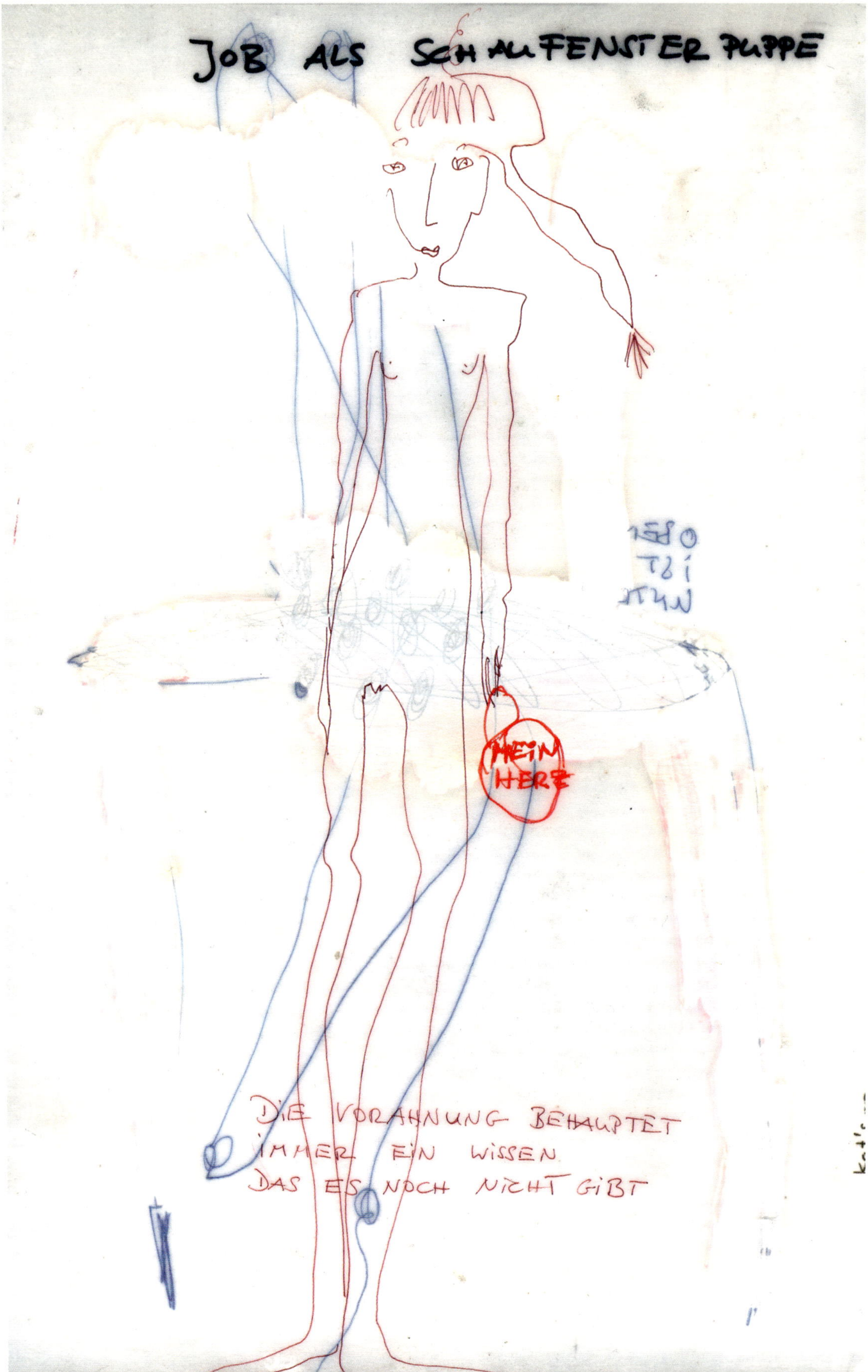
JOB ALS SCHAUFENSTERPUPPE
MEIN HERZ
DIE VORAHNUNG BEHAUPTET
IMMER EIN WISSEN
DAS ES NOCH NICHT GIBT

EVA: Ich wollte genau diese Farbe!

ANNE: Meinst du, die passt zu deinem Typ? Von welchem Kopf hast du die abgeguckt?

EVA: Mensch Anne, jetzt mach' mal halblang ...

ANNE: Ich habe gerade erst angefangen. Ich finde, dass du schon seit Längerem eine traurige, fast tragische Figur abgibst. Du strahlst nicht mehr. Und diese Hose, die konnte ich noch nie an dir leiden. Die ist viel zu eng!

EVA: Das ist gemein von dir, das muss ich mir von dir nicht sagen lassen.

ANNE: Jetzt weine doch nicht, ich will dich nicht verletzten, aber wenn wir schon Tacheles reden, dann musst du das aushalten. – Eva, was ist los mit dir?

EVA: Was soll schon sein? Ich fühle mich nicht wohl in meiner Haut und habe deshalb nach einer Lösung gesucht und die heißt für mich Lifting. Schön durch Operation, ich habe dafür Geld gespart und denke, das wird eine lohnende Investition.

Vielleicht gibt es verschiedene Wege, sich schön zu finden, sich gut zu fühlen und lebendig. Verschiedene Wege, um wieder zu strahlen.

Ich weiß auch nicht, was Schönheit ist. Glatte Haut? Lange volle Haare, aufgeklebte Nägel und rote Lippen, die fast platzen?! Natürlich bin ich durch das Mediengequake beeinflusst und wünsche mir so eine Aura zu haben wie, na sag' schon, Angelina Jolie oder Scarlett Johannson oder einfach nur wie Frau Merkel bei der Fußball-WM in Berlin, als sie Klinsmann umarmte – wie schön sie da war ...

ANNE: Das ist jetzt nicht dein Ernst?

EVA: Doch hundertprozentig. Hör' auf zu lachen!

ANNE: Du bist und bleibst die Alte. Unverbesserlich und eine Träumerin. Was soll ich da noch sagen?

EVA: Dass du es akzeptierst, dass ich diesen Schritt gehe, vielleicht nicht verstehst, aber wenigstens akzeptierst. Und ich verspreche dir, die Hose, die schmeiße ich heute noch weg, ich finde die auch schon länger nicht mehr gut.

ANNE: O.K. – ich denke, jede Frau, und inzwischen ja auch jeder Mann, muss für sich selbst entscheiden, wie und auf welche Art sie oder er altern möchte. Ob man der Natur nachhilft oder nicht. Wusstest du, dass Männer jetzt auch schon damit anfangen? In den USA können sie sich ein Silikon-Six-Pack einarbeiten lassen – operativ. Aber das ist so gefährlich, dass es in Deutschland verboten ist. Stell dir bitte mal vor, du triffst jemanden und fasst ihn am Bauch an und ...

EVA: Bitte hör' auf, nicht auch noch die Männer ...

ANNE: Ach Eva. Weißt du, was ist schon schön? Richtig schön ist doch eigentlich nur die Natur, weil sie ist, wie sie ist, und nicht versucht, etwas anderes zu sein.

EVA: Ich wünsche mir nur ein klein bisschen schöner zu sein, dann bin ich schon glücklich.

ANNE: Es ist umgekehrt: Glückliche Menschen sind schön.

ENDE

Ich trage nicht nur mein Geld im Gesicht, sondern auch das Risiko

SCHIEF
KRUMM
DÜNN
DICK
UND
PERFEKT

Menschen und Bäume
sind von Natur aus schön

Graue Tage

Mut zum Unglück

TRÄNEN ?!

Na? – Eine unruhige Nacht gehabt? Hin und her gewälzt, stundenlang wach gelegen? Gegrübelt und gegrübelt, die Alltagsprobleme vergrößert und Herzrasen bekommen? Haben Sie das Licht angemacht und versucht zu lesen, um auf andere Gedanken zu kommen? Sicher ohne Erfolg! Sind Sie dann im Morgengrauen vor Erschöpfung eingeschlafen und völlig erschlagen aufgewacht?

Na super und „Guten Morgen" an alle gesunden Depressiven. Gesund, weil hoffentlich nur vorübergehend down.

So oder so ähnlich könnte er beginnen, einer von diesen grauen Tagen in unserem Leben. Man befindet sich in einem Zustand depressiver Trostlosigkeit, voller Schwermut, Trübsal und Dumpfheit. Es ist einem zum Heulen zu Mute. Der Körper ist schwer, und man ist kaum in der Lage sich zu bewegen, geschweige denn sich zu spüren. Die Gefühle sind wie betäubt. Eine Welle des Unglücklichseins überspült uns, schwappt geradezu über uns hinweg und reißt uns mit in einen Raum ohne Licht, ohne Farben, ohne Hoffnung.

Eine bislang nicht gekannte Unsicherheit erfüllt uns. Ein heftiger Weltschmerz zerreißt uns das Herz. Das Leben erscheint uns komplett sinnlos und anstrengend. Wozu leben wir? Man möchte die ganze Welt anklagen. All die Katastrophen, Ungerechtigkeiten, das Elend, die Kriege und Probleme, die uns die eigene Ohnmacht vor Augen führen. Das hält doch kein Mensch aus. Was für eine Scheißnacht. Was soll das erst für ein Tag werden? – Einfach die Decke über den Kopf ziehen, nichts sehen, nichts hören, nichts denken müssen. Für einen Augenblick verschwinden.

Machen wir uns nichts vor, es gibt sie, diese Tage, an denen es nicht hinhaut mit der Lebensbejahung und dem Befolgen der Ratschläge zum positiven Denken: gut drauf sein, don't worry be happy, eine gute Tat am Tag, be everybody's darling!

Seien Sie doch einfach mal mies gelaunt. Lassen Sie es zu. Gestatten Sie es sich. Was kann schon passieren?

Man darf auch einmal nicht funktionieren und ein scheinbar belangloses Problem, das einem den Tag verdüstert, genauer untersuchen. Besonders, wenn es wie ein Quälgeist immer wieder auftaucht und uns ärgert.

Es ist viel sinnvoller – und auch interessanter –, sich dem Gefühlschaos und dem Grau im eigenen Leben zu stellen, weil man etwas herausfinden kann, etwas lernt und mehr versteht von sich selbst.

Gefühle von Niedergeschlagenheit und Trauer können eine Notbremse sein in unserem rasanten, rastlosen Leben, ein geschenkter Freiraum, um Ursachenforschung zu betreiben. Sie lassen uns einen Augenblick inne halten und zur Besinnung kommen. Manchmal sind es gerade die durchwachten Nächte, die einen auf neue Gedanken und Ideen bringen. Der Blick in die Finsternis, ins eigene Innere, eröffnet vielleicht Lösungen für das ein oder andere Problem. Natürlich darf man nicht versuchen, mit dem „Wirsing im Kopf" zu kämpfen, man sollte einfach passieren lassen, was passiert, hören und fühlen, schließlich ist man hellwach, trotz unendlicher Müdigkeit. In depressiven Phasen unseres Lebens sind wir gezwungen, uns mehr Zeit für uns selbst zu nehmen.

ICK SITZE DA UND ESSE KLOPS
ICK SITZE DA UND ESSE KECKS
ICK SITZE DA UND ESSE EIS
ICK SITLE DA UND HOFFE

HEILE WELT

FREUDE VERSCHENKEN

Es geht einmal nicht darum, anderen Leuten zu gefallen. Alleinsein und sich zurückziehen auch auf die Gefahr hin, dass andere sich von uns zurückziehen, wenn wir nicht so gut drauf sind. Man sollte die grauen Tage, so leidvoll sie auch sein mögen, als Auszeit betrachten, um sich mit sich selbst zu konfrontieren. Oft denkt man erst, wenn man richtig down ist, über Sinn und Unsinn des eigenen Handelns nach. Klingt blöd, ist aber wahr. Im Idealfall schafft man es, einen kreativen Prozess in Gang zu setzen, um nach einem psychischen Durchhänger wieder auf die Beine zu kommen und weiterzumachen. Vielleicht ein wenig anders als zuvor.

Kreativität
Werden Sie Surrealist
oder Surrealistin

Kreativität = Neuerfindung = Entwicklung = neugierig forschen = Fahrt ins Blaue = flüssige und flexible Denkweise = Dinge auf den Kopf stellen

Katholiken stehen nicht auf dem Kopf!

Früher dachten die Menschen, die Erde sei eine Scheibe. Dann meinten kreative Köpfe, Beweise für die Kugelform der Welt gefunden zu haben, aber es gab auch Gegner dieser neuen Theorie ...

Kreativität hebt uns aus dem müden Alltag heraus – dafür müssen wir den Geist frei machen wie eine leere Schale, alles „ich weiß“ für einen Moment beiseite lassen und schauen, als wären wir gerade neu geboren.

Neugierig den Blickwinkel erweitern und sich wundern, das bringt Spaß und ist eine köstliche Speise für den Geist, der in uns wohnt.

Beispiel 1

In der Geschichte der Erfindungen gibt es viele Beispiele dafür, wie schwer es offenbar fällt zu erkennen, dass etwas Neues sinnvoll ist:

1861 erfand der Deutsche Phillip Reiss eine Maschine, mit der man Musik übertragen konnte. Er stand vor der Erfindung des Telefons. Jeder Kommunikationsexperte in Deutschland versuchte ihn zu überzeugen, dass es keinen Markt für ein derartiges Gerät gäbe, da der Telegraf gut genug sei. 15 Jahre später erfand Alexander Graham Bell das Telefon, wurde Multimillionär – und Deutschland sein erster begeisterter Kunde.
(aus: Michael Michalko: Erfolgsgeheimnis Kreativität)

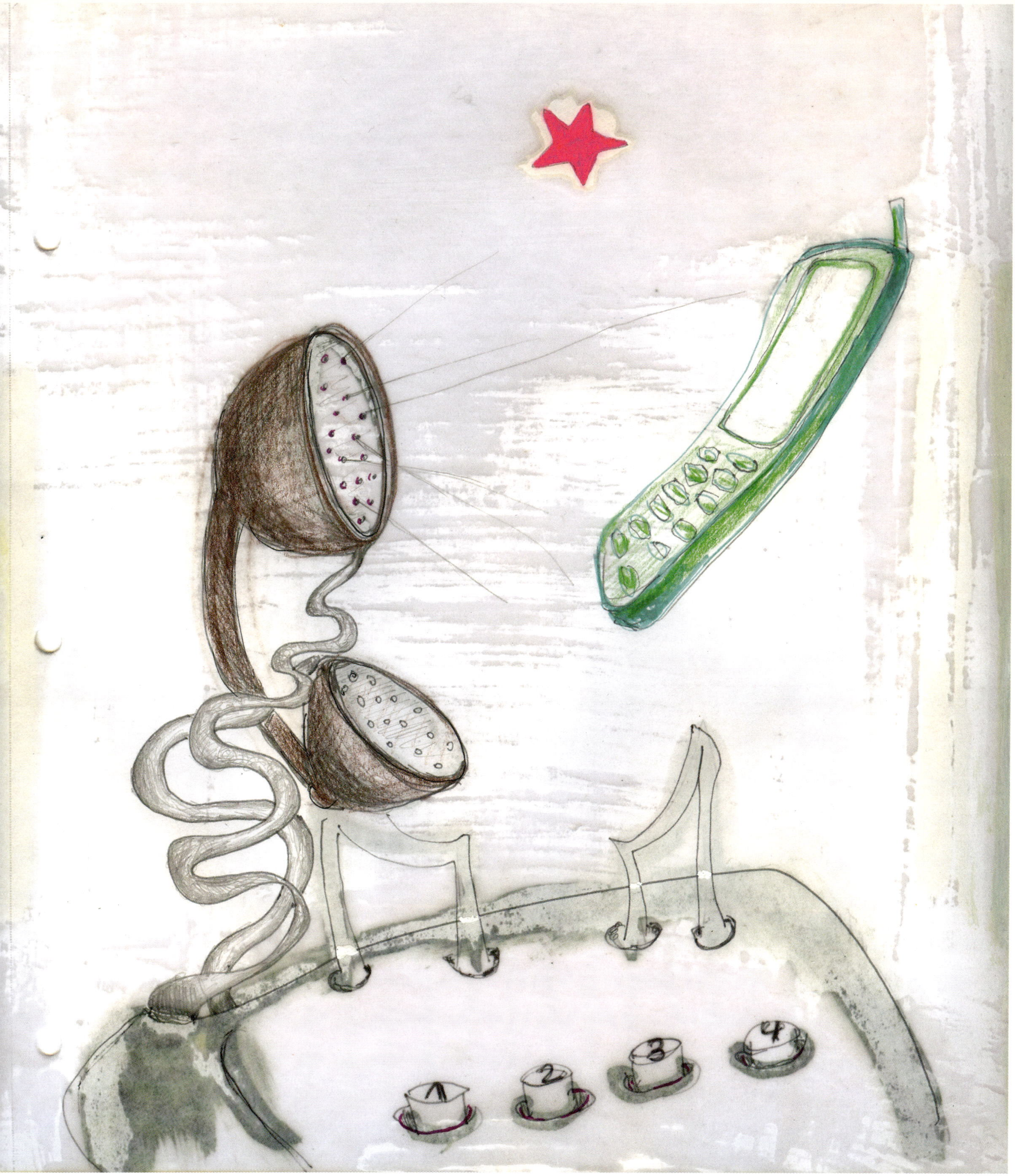
1
2
3
4

Beispiel 2

Wenn ich ein gutes Buch lese, dauert es nicht lange, bis die Charaktere der Geschichte vor meinem geistigen Auge lebendig werden. Orte werden farbig, fangen sogar an zu riechen. Mein Kopfkino hat zu laufen begonnen. Ich kreiere meinen ganz persönlichen Film und vergesse alles um mich herum. Das Abdriften in kreative Bilderfluten gelingt durch die eigene Phantasie. Verrückt, wie aus kleinen schwarzen Zeichen, genannt Buchstaben, eine bunte Bilderflut entsteht. Das macht Freude.

Die Pikdame
Ihr Leben lang hatte sie es genossen etwas zu wollen und zu bekommen; ihr wahres Unglück bestand darin, dass es mit dem Wollen vorbei war, und der Tod war nur deshalb beängstigend, weil er das Ende aller Wünsche bedeutete ...
(aus: Ljudmila Ulitzkaja: Olgas Haus)

Beispiel 3

Die surrealistische Künstlerin Meret Oppenheim erschuf 1936 eines ihrer bekanntesten Werke:

„Frühstück im Pelz“ (Kaffeetasse, Untertasse und Löffel überzogen mit chinesischem Gazellenfell).

Wie? Durch einen kreativen Zufall: Meret Oppenheim traf sich mit Pablo Picasso und Dora Maar in einem Pariser Café zum Nachmittagstee – sie sprachen über Fell und seine Bedeutung in Bezug auf Wärme.

Als der Tee in Meret Oppenheims Tasse erkaltet war, soll sie dem Kellner nachgerufen haben: „Herr Ober, bitte noch ein wenig Pelz für meinen Tee.“ Diese spontane Assoziation verwandelte die Surrealistin in das bekannte Kunstobjekt.

KALTER TEE

Spaziergang durchs Leben mit Flow (Fließen) = Aussicht auf das Glücksgefühl, mit sich am richtigen Ort bei der richtigen Tätigkeit zu sein = Verbundenheit mit sich selbst = selbstvergessen

Höhere Wesen befahlen mir: „Genieße deinen Weg."

MUSIK

Tanz im Glück, ein Rausch

Es ist Zeit – ich will entspannen. Ich klinke mich aus und verschwinde für eine kleine Ewigkeit in meiner eigenen Welt aus „meiner" Musik, folge dem Lauf der Töne, nehme die Schwingungen auf, bin ganz Rhythmus. Die Musik befreit Körper, Geist und Seele ... Ich tanze ganz unbeschwert (wenn keiner guckt). Das Grübeln macht Urlaub ...

So wie diese Frau, allein am Rand der Tanzfläche. Sie hatte sich schön gemacht für diesen Abend. Der Riemen ihrer Tasche zog einen schwarzen Strich quer über ihre Brust. Wie verwurzelt mit der Erde, ganz bei sich stand sie da und doch irgendwie auf dem Sprung. So war sie mir aufgefallen. Und plötzlich war es soweit: Sie nahm ihre Tasche ab, legte sie flach auf den Boden, setzte zuerst ihren linken, dann ihren rechten Fuß darauf, brachte sich in Position ... und dann gab's kein Halten mehr: Wie entfesselt warf sie ihren Oberkörper nach hinten, nach vorne, nach beiden Seiten – wild und ungestüm, dass die Haare flogen. Nur die Füße blieben wie angenagelt auf der geliebten Handtasche stehen. Vielleicht, damit sie nicht abhanden kam, sollten ihr selbst die Sinne schwinden. Ich war beeindruckt und bin sicher, sie hatte einen guten Abend. Auch wenn sie später allein nach Hause ging, nur in Begleitung ihrer Tasche ...

3.
1
4.
KOMM SCHATZ
TANZEN IST WIE FLIEGEN

An manchen Orten ist die Musik zu laut und die Bässe sind zu dröhnend. Bei einem Live-Konzert aber ist das egal, wenn wir uns durch die Menge nach vorne drängen, bis wir endlich direkt vor den Boxen stehen und das Klopfen der Musik fühlen bis tief in die Eingeweide. Genau das ist der Kick. Und selbst das Taubsein danach, wenn der Körper noch bebt, ist angenehm beim Einschlafen.

MEIN SCHÖNES MEER VON MEERESRAUSCHEN

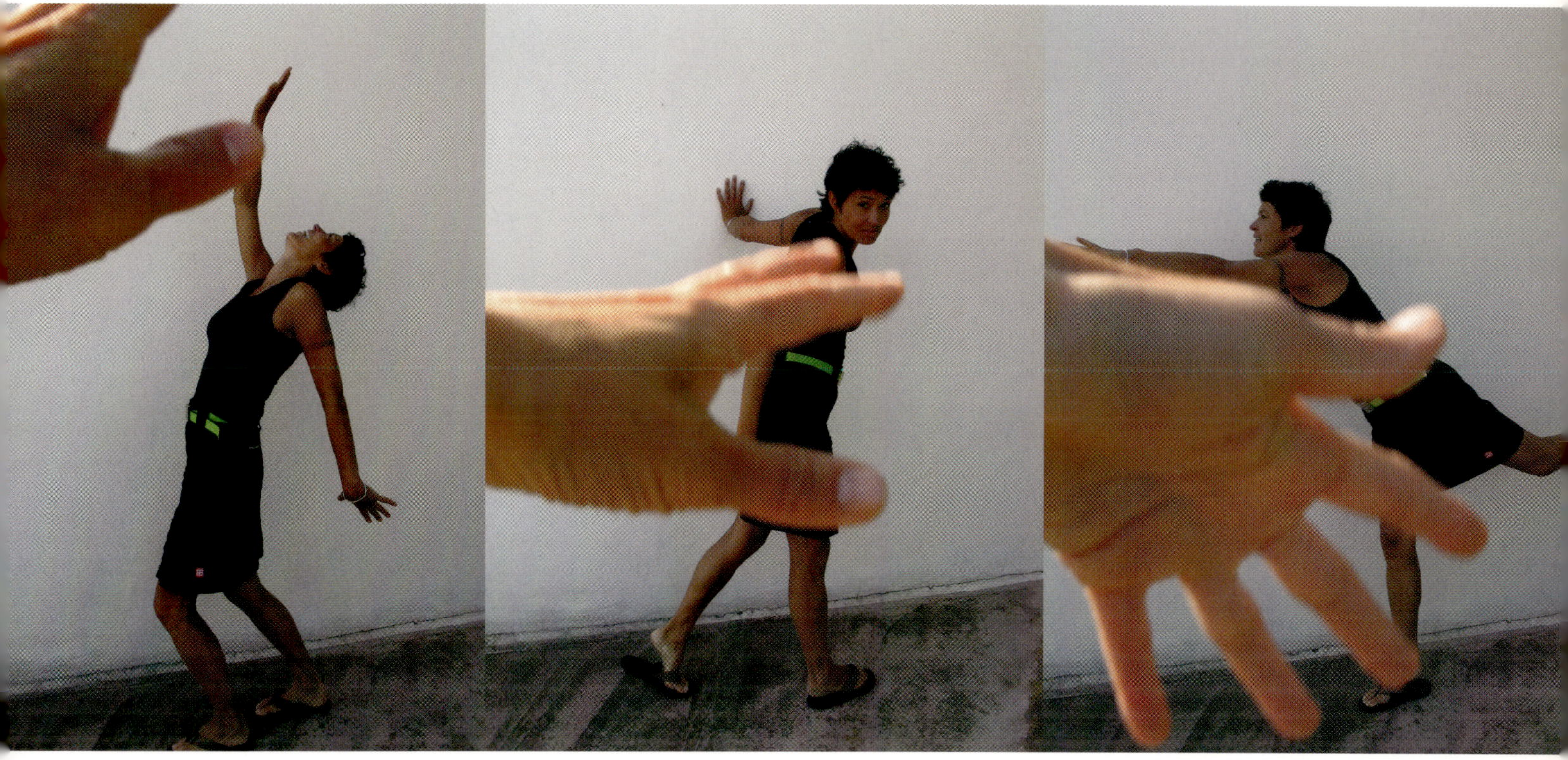

Musik vermag viel: Sie überschreitet Grenzen und verbindet. Sie lässt Körper erzittern und erweckt Gefühle. Immer wieder vereint sie Menschen im gemeinsamen Erlebnis. Musik steckt voller Kraft und Magie. Sie berauscht und erotisiert. Sie erzählt Geschichten von der Liebe, dem Leben, von Verlust und Tod. Sie gibt den Ton an. Macht Riten und Rituale lebendig, befreit von bösen Geistern und Krankheiten. Aber sie kann auch anders: Sie verleitet uns, im Supermarkt öfter in die Regale zu greifen. Als Instrument der Propaganda beeinflusst sie gar ganze Nationen.

Mit vierzehn habe ich mich mit meiner besten Freundin im Zimmer eingeschlossen. Zu zweit haben wir stundenlang kitschige Musik gehört: Songs von der Liebe und der Sehnsucht danach. Wir haben zusammen geweint und unsere geheimsten Geheimnisse geteilt.

Wenn ich heute Mick Jagger „Angie“ singen höre, zum Beispiel auf einer 80er-Jahre-Party, wird diese Zeit wieder in mir wach. Alle Gäste bekommen kollektiv Gänsehaut bei „Sailing“ und Rod Stewart. Und natürlich: „Hey Jude“ von den Beatles. Wir erinnern uns an die ersten Klassenfeten, da wurde Blues getanzt und wir konnten endlich auf Tuchfühlung gehen.

Ein Hit aus unserer Vergangenheit – und mit einem Schlag sind alle Erinnerungen wieder da, gute wie schlechte. Bilder von Menschen, in die wir uns verliebt und die wir wieder verloren haben. Alles wird noch einmal lebendig: der Ort, die Gefühle, selbst die Gerüche. Nur durch Musik.

Bei diesen Flashbacks handelt es sich um bewusste Erlebnisse aus unserer Jugend. Aber Musik spielt noch viel früher eine Rolle in unserem Leben, sogar schon im Mutterleib! Lange bevor wir das Licht dieser Welt erblicken, können wir ihre Töne hören.

Und kaum sind wir da, trällern Mami und Papi Lieder aus ihrer eigenen Kindheit, um dem Neuankömmling ein Lächeln zu entlocken. Oder sie singen ihn (manchmal fast verzweifelt) in den Schlaf. Steht das Kind endlich auf seinen Beinchen, fängt es an, die Hüften zu schwingen. Wie süß! Musik soll sogar die Lernfähigkeit eines Kindes steigern.

Musik ist kein Exklusivrecht des Menschen – sie erreicht fast alle Lebewesen. Es kursieren Geschichten von glücklichen Kühen, die im Stall nicht nur mit einer Matratze weich gebettet sind, sondern auch mit klassischer Musik beschallt werden, damit sie mehr Milch geben.

Wahrscheinlich existieren auch Pflanzen, die schneller wachsen, größer und bunter werden, wenn sie mit den richtigen Klängen gedüngt werden.

Musik allerorten ... Sie verleitet zum Bleiben – oder zum Gehen ... Barbesitzer zum Beispiel wissen, wie Ohr und Kehle zusammenhängen. Gute Musik lässt ihre Kassen klingeln. Schnelle, laute Rhythmen regen den Durst an und vermitteln das Gefühl, dass gleich etwas passiert. Wird es ruhiger und leiser, werden wir müder und schwerer ...

Und die eigene Musikalität?

An mir versuchte sich Tante Klärchen, eine ältere Dame aus der Verwandtschaft. Sie gab mir Klavierunterricht. Nun ja ... entweder war es nicht der richtige Zeitpunkt oder Tante Klärchen nicht die ideale Lehrerin. Vielleicht war es auch einfach nur meine Sturheit, die mich Unterrichtsstunde um Unterrichtsstunde mit verschränkten Armen vor dem Klavier sitzen ließ. Ich verweigerte mich komplett. So hat meine Mutter die ein oder andere vergeigte (nein, eigentlich: verklavierte) Stunde bezahlt. Schnell war ich vom Unterricht wieder befreit. Ich war froh.

Viel später erst habe ich mir gewünscht, ich hätte die Chance besser genutzt. Mit über zwanzig versuchte ich es dann noch einmal: selbst bestimmt und selbst bezahlt. Ich nahm Saxophonunterricht. Das war klug, denn es gefällt mir bis heute.

Ich denke, das ist eine Erfahrung, die ich mit vielen teile, denn wer hat nicht schon versucht, ein Musikinstrument zu erlernen? Zwangsweise oder freiwillig!

Zu musizieren, vor allem mit anderen zusammen, ist ein Erlebnis. Wer es kennt, will mehr davon. Acht Bläser und Bläserinnen können eine Menge Stimmung machen. Andere singen lieber. Im großen Chor, im Duett oder auch ganz für sich. Trällern – kleines Glück: unter der Dusche, beim Fahrrad- oder Autofahren, allein im Wald. Singen hilft auch, wenn man sich fürchtet. Es macht mutig.

DIE MÜSSEN SO VIEL QUATSCHEN
WEIL SIE SO VIEL ERLEBT HABEN
DEINE STIMME
IST MUSIK
IN MEINEN OHREN

WIE SCHÖN - ICH KANN DEINE VIBRATION ~~HÖREN~~ FÜHLEN

Es ist doch verrückt, wie Musik unser Leben stimmt und bestimmt. Und wie sie uns mit anderen zusammenstimmt. Zum Glück gibt es so viele verschiedene Musikrichtungen, dass für jeden etwas dabei ist.

Wenn ich noch einmal geboren würde, würde ich Sängerin werden wollen und vor einem riesigen Publikum auftreten und singen, bis der Funke überspringt ... „Fever“ so wie Peggy Lee.

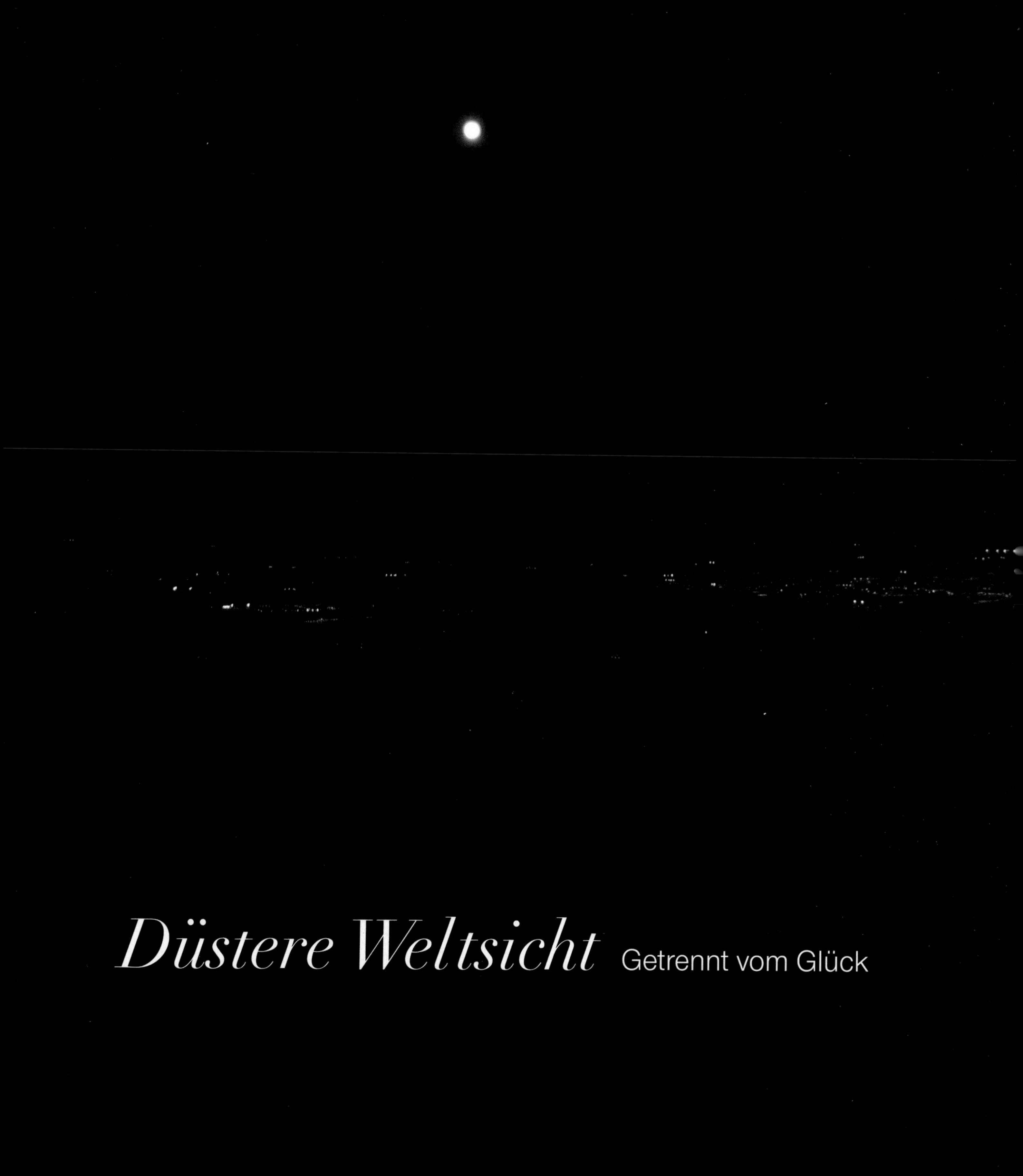

Düstere Weltsicht Getrennt vom Glück

Aufdeckung des mutmaßlichen Terror-Komplotts – Festnahmen wegen Kinderpornografie – Urananreicherung ausweiten – Einzeltäter beging Serienmorde – Fortschritte bei Nahost-Resolution – der schwerste Taifun seit einem halben Jahrhundert, 1,5 Millionen Menschen umgesiedelt – gefährliche Berührungen – das Elend hinter schönen Kleidern, Menschen arbeiten 16 Stunden am Tag, ohne Ruhetag, bei einem Monatsgehalt von 15 Euro – Zwangsarbeit im Pflegebereich – Kofferbomben: Terrorfahndung – Gewalt gegen Frauen als Kavaliersdelikt abgetan – Jugendliche bringen Obdachlosen um – 170 Tote bei Flugzeugabsturz – Kreislauf ohne Ausweg im Atomstreit – Hurra, wir haben Schule – ein Angebot für die Ausgeschlossenen – Varianten des heiligen Kriegs – Bundeswehr verstärkt das internationale Truppenkontingent, EU besorgt über anhaltende Gewalt – entführtes Mädchen nach acht Jahren im Sechs-Quadratmeter-Kerker frei – Staatsdefizit sinkt auf 2,5 Prozent – Naziparole „Weiß. Nicht nur eine Trikot-Farbe! Für eine echte National-Mannschaft!" – Verärgerung über geheime Genmais-Tests – in Guantanamo werden ca. 450 Inhaftierte ohne Prozess eingekerkert, Folter gibt es hier nicht – nach Angaben der Umweltorganisation rosten 21.000 Fässer mit 9.000 Kilogramm reinstem Quecksilber in der schwedischen Ostsee – Hunderttausende Bürojobs auf der Kippe – viele Anzeichen sprechen dafür, dass Tiere wie Menschen leiden, wenn nahe stehende Artgenossen sterben – mit 17 hat man noch Träume – Striemen und Brandmale zeichnen einen behinderten Rentner, der über 20 Jahre misshandelt wurde – fast 50.000 Obdachlose nach Flut in Äthiopien – E. G. hat nach 15 Jahren ihren entlaufenen Kater wiedergefunden – Todesurteil gegen japanischen Chemiker der Aum-Sekte – Lebensmittel werden teurer – ca. 40 Prozent der Bevölkerung in den Industriestaaten übergewichtig – die Kurse der deutschen Aktien haben sich zum Wochenendschluss kaum bewegt – neue Anti-Drogenregeln für Pferde – Klimasünden der Menschen stürzen uns in schwer wiegende Klimakatastrophe – Gericht: Abhörprogramm ist verfassungswidrig – Erbsen, die krank machen – ein chinesisches Gericht macht Menschenrechtsaktivisten durch Schauprozess mundtot – Millionäre unter sich – Flüchtlingswelle, seit Januar reisten 25.000 Menschen illegal ein – Saudis ordern 72 Eurofighter, Volumen 15 Milliarden Euro – gestern Kollege, heute Chef – Aufdeckung des mutmaßlichen Terror-Komplotts – Festnahmen wegen Kinderpornografie – Urananreicherung ausweiten – Einzeltäter beging Serienmorde – Fortschritte bei Nahost-Resolution – der schwerste Taifun seit einem halben Jahrhundert, 1,5 Millionen Menschen umgesiedelt – gefährliche Berührungen – das Elend hinter schönen Kleidern, Menschen arbeiten 16 Stunden am Tag, ohne Ruhetag, bei einem Monatsgehalt von 15 Euro – Zwangsarbeit im Pflegebereich – Kofferbomben: Terrorfahndung – Gewalt gegen Frauen als Kavaliersdelikt abgetan – Jugendliche bringen Obdachlosen um – 170 Tote bei Flugzeugabsturz – Kreislauf ohne Ausweg im Atomstreit – Hurra, wir haben Schule – ein Angebot für die Ausgeschlossenen – Varianten des heiligen Kriegs – Bundeswehr verstärkt das internationale Truppenkontingent, EU besorgt über anhaltende Gewalt – entführtes Mädchen nach acht Jahren im Sechs-Quadratmeter-Kerker frei – Staatsdefizit sinkt auf 2,5 Prozent – Naziparole „Weiß. Nicht nur eine Trikot-Farbe! Für eine echte National-Mannschaft!" – Verärgerung über geheime Genmais-Tests – in Guantanamo werden ca. 450 Inhaftierte ohne Prozess eingekerkert, Folter gibt es hier nicht – nach Angaben der Umweltorganisation rosten 21.000 Fässer mit 9.000 Kilogramm reinstem Quecksilber in der schwedischen Ostsee – Hunderttausende Bürojobs auf der Kippe – viele Anzeichen sprechen dafür, dass Tiere wie Menschen leiden, wenn nahe stehende Artgenossen sterben – mit 17 hat man noch Träume – Striemen und Brandmale zeichnen einen behinderten Rentner, der über 20 Jahre misshandelt wurde – fast 50.000 Obdachlose nach Flut in Äthiopien – E. G. hat nach 15 Jahren ihren entlaufenen Kater wiedergefunden – Todesurteil gegen japanischen Chemiker der Aum-Sekte – Lebensmittel werden teurer – ca. 40 Prozent der Bevölkerung in den Industriestaaten übergewichtig – die Kurse der deutschen Aktien haben sich zum Wochenendschluss kaum bewegt – neue Anti-Drogenregeln für Pferde – Klimasünden der Menschen stürzen uns in schwer wiegende Klimakatastrophe – Gericht: Abhörprogramm ist verfassungswidrig – Erbsen, die krank machen – ein chinesisches Gericht macht Menschenrechtsaktivisten durch Schauprozess mundtot – Millionäre unter sich – Flüchtlingswelle, seit Januar reisten 25.000 Menschen illegal ein – Saudis ordern 72 Eurofighter, Volumen 15 Milliarden Euro – gestern Kollege, heute Chef – Aufdeckung des mutmaßlichen Terror-Komplotts – Festnahmen wegen Kinderpornografie – Urananreicherung ausweiten – Einzeltäter beging Serienmorde – Fortschritte bei Nahost-Resolution – der schwerste Taifun seit einem halben Jahrhundert, 1,5 Millionen Menschen umgesiedelt – gefährliche Berührungen – das Elend hinter schönen Kleidern, Menschen arbeiten 16 Stunden am Tag, ohne Ruhetag, bei einem Monatsgehalt von 15 Euro – Zwangsarbeit im Pflegebereich – Kofferbomben: Terrorfahndung – Gewalt gegen Frauen als Kavaliersdelikt abgetan – Jugendliche bringen Obdachlosen um – 170 Tote bei Flugzeugabsturz – Kreislauf ohne Ausweg im Atomstreit – Hurra, wir haben Schule – ein Angebot für die Ausgeschlossenen – Varianten des heiligen Kriegs – Bundeswehr verstärkt das internationale Truppenkontingent, EU besorgt über anhaltende Gewalt – entführtes Mädchen nach acht Jahren im Sechs-Quadratmeter-Kerker frei – Staatsdefizit sinkt auf 2,5 Prozent – Naziparole „Weiß. Nicht nur eine Trikot-Farbe! Für eine echte National-Mannschaft!" – Verärgerung über geheime Genmais-Tests – in Guantanamo werden ca. 450 Inhaftierte ohne Prozess eingekerkert, Folter gibt es hier nicht – nach Angaben der Umweltorganisation rosten 21.000 Fässer mit 9.000 Kilogramm reinstem Quecksilber in der schwedischen Ostsee – Hunderttausende Bürojobs auf der Kippe – viele Anzeichen sprechen dafür, dass Tiere wie Menschen leiden, wenn nahe stehende Artgenossen sterben – mit 17 hat man noch Träume – Striemen und Brandmale zeichnen einen behinderten Rentner, der über 20 Jahre misshandelt wurde – fast 50.000 Obdachlose nach Flut in Äthiopien – E. G. hat nach 15 Jahren ihren entlaufenen Kater wiedergefunden – Todesurteil gegen japanischen Chemiker der Aum-Sekte – Lebensmittel werden teurer – ca. 40 Prozent der Bevölkerung in den Industriestaaten übergewichtig – die Kurse der deutschen Aktien haben sich zum Wochenendschluss kaum bewegt – neue Anti-Drogenregeln für Pferde – Klimasünden der Menschen stürzen uns in schwer wiegende Klimakatastrophe – Gericht: Abhörprogramm ist verfassungswidrig – Erbsen, die krank machen – ein chinesisches Gericht macht Menschenrechtsaktivisten durch Schauprozess mundtot – Millionäre unter sich – Flüchtlingswelle, seit Januar reisten 25.000 Menschen illegal ein – Saudis ordern 72 Eurofighter, Volumen 15 Milliarden Euro – gestern Kollege, heute Chef – Aufdeckung des mutmaßlichen Terror-Komplotts – Festnahmen wegen Kinderpornografie – Urananreicherung ausweiten – Einzeltäter beging Serienmorde – Fortschritte bei Nahost-Resolution – der schwerste Taifun seit einem halben Jahrhundert, 1,5 Millionen Menschen umgesiedelt – gefährliche Berührungen – das Elend hinter schönen Kleidern, Menschen arbeiten 16 Stunden am Tag, ohne Ruhetag, bei einem Monatsgehalt von 15 Euro – Zwangsarbeit im Pflegebereich – Kofferbomben: Terrorfahndung – Gewalt gegen Frauen als Kavaliersdelikt abgetan – Jugendliche bringen Obdachlosen um – 170 Tote bei Flugzeugabsturz – Kreislauf ohne Ausweg im Atomstreit – Hurra, wir haben Schule – ein Angebot für die Ausgeschlossenen – Varianten des heiligen Kriegs – Bundeswehr verstärkt das internationale Truppenkontingent, EU besorgt über anhaltende Gewalt – entführtes Mädchen nach acht Jahren im Sechs-Quadratmeter-Kerker frei – Staatsdefizit sinkt auf 2,5 Prozent – Naziparole „Weiß. Nicht nur eine Trikot-Farbe! Für eine echte National-Mannschaft!" – Verärgerung über geheime Genmais-Tests – in Guantanamo werden ca. 450 Inhaftierte ohne Prozess eingekerkert, Folter gibt es hier nicht – nach Angaben der Umweltorganisation rosten 21.000 Fässer mit 9.000 Kilogramm reinstem Quecksilber in der schwedischen Ostsee – Hunderttausende Bürojobs auf der Kippe – viele Anzeichen sprechen dafür, dass Tiere wie Menschen leiden, wenn nahe stehende Artgenossen sterben – mit 17 hat man noch Träume – Striemen und Brandmale zeichnen einen behinderten Rentner, der über 20 Jahre misshandelt wurde – fast 50.000 Obdachlose nach Flut in Äthiopien – E. G. hat nach 15 Jahren ihren entlaufenen Kater wiedergefunden – Todesurteil gegen japanischen Chemiker der Aum-Sekte – Lebensmittel werden teurer – ca. 40 Prozent der Bevölkerung in den Industriestaaten übergewichtig – die Kurse der deutschen Aktien haben sich zum Wochenendschluss kaum bewegt – neue Anti-Drogenregeln für Pferde – Klimasünden der Menschen stürzen uns in schwer wiegende Klimakatastrophe – Gericht: Abhörprogramm ist verfassungswidrig – Erbsen, die krank machen – ein chinesisches Gericht macht Menschenrechtsaktivisten durch Schauprozess mundtot – Millionäre unter sich – Flüchtlingswelle, seit Januar reisten 25.000 Menschen illegal ein – Saudis ordern 72 Eurofighter, Volumen 15 Milliarden Euro – gestern Kollege, heute Chef – betroffen sind immer Menschen

dein leid tut
mir leid

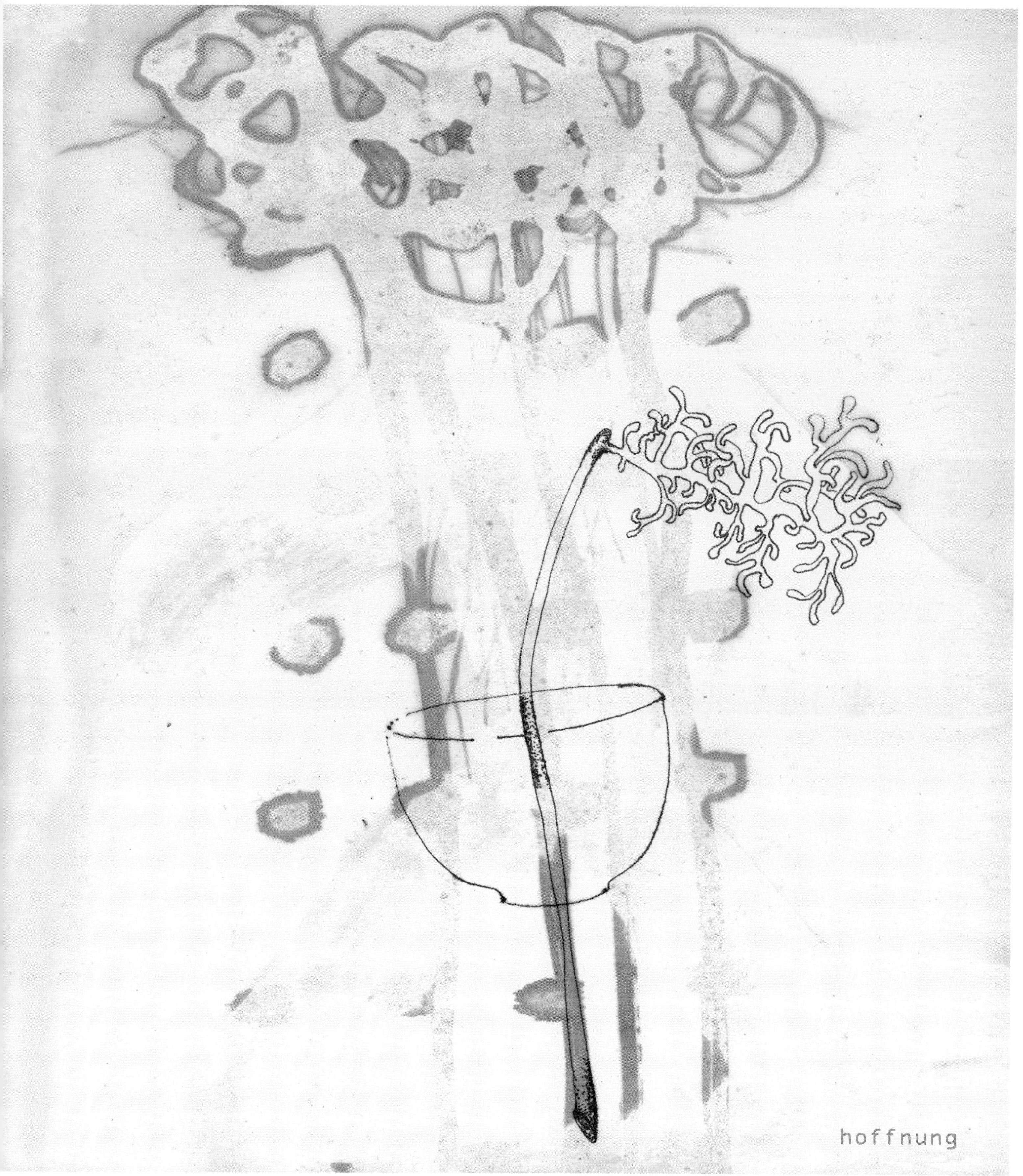

hoffnung

Hoffnung auf kleine bis mittelgroße Wunder

Gibt es Wunder?

ja

Ferien

Ferien im Glück

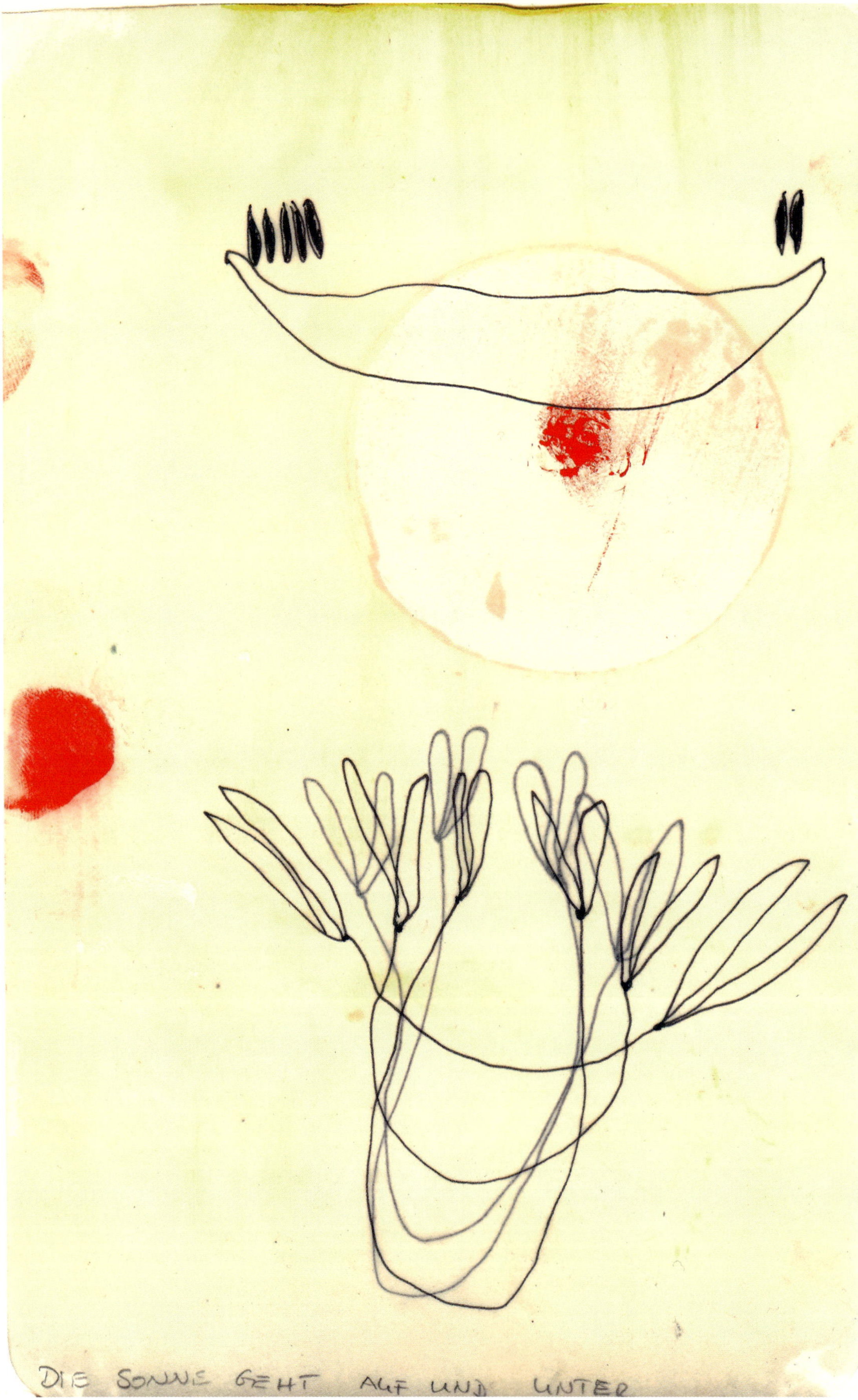
DIE SONNE GEHT AUF UND UNTER

Einfach nur dasitzen und in die Gegend schauen.

Einfach nur innehalten, leer werden, sich innerlich freimachen, weit werden – nichts fühlen.

Diesen Zustand zu erreichen und dann auch auszuhalten ist unheimlich schwer. Die Sehnsucht danach jedoch ist groß und spiegelt sich wider in dem Verlangen nach Ferien, nach Aussteigen aus dem Alltag, dem Wunsch nach Verlangsamung.

Wenn wir zu Hause im gewohnten Trott stecken, wenn ein Tag dem anderen gleicht, der Kaffee nicht schmeckt, sondern nur noch wirkt, die Zeit rast, ohne dass wir sie spüren, das Leben eintönig wird, die Menschen uns nicht mehr interessieren, die Farben verblassen und die Gerüche fade sind, dann wird es Zeit, die strapazierten Sinne zu entmüllen und wieder bereitzumachen für die Schönheiten des Lebens.

Ich kenne viele Menschen, die bekommen leuchtende Augen, wenn sie nur an das Meer denken. Es übt eine gewaltige Anziehungskraft aus und besitzt die Fähigkeit, uns ganz und gar zu verzücken. Es ist wunderschön, so weit und blau, so unendlich und unberechenbar, manchmal laut und manchmal leise, es ist lebendig, schmeckt salzig und trägt uns auf seinen Wellen, es umschmeichelt unsere Körper, ist manchmal voll von gemeinen Feuerquallen oder Grünalgen oder Öl – auch Sonnenöl –, Fischen leider immer weniger ... Bevor mir all die Umweltkatastrophen bis hin zum Tsunami durch den Kopf sausen, erinnere ich mich lieber an mein Meer oder, noch besser, an meine Stranderlebnisse, schließlich verbringen die meisten Menschen mehr Zeit am Strand als im Meer.

Ja, die Sonne scheint – ganz anders als zu Hause. Hier duftet es nach frischen Kräutern, nach Pinienbäumen, nach Sand, nach Sonne, nach Sonnenmilch, nach Meerluft – ganz anders als zu Hause. Das Licht, die Farben, alles ist so viel schöner und intensiver und komplett anders als zu Hause. Selbst der Kaffee morgens, gebrüht mit Wasser aus dem Trinkwasserkanister und dem heimischen Kaffeepulver, schmeckt so lecker und ganz anders als zu Hause.

Alle meine Sinne werden wunderbar verrückt gemacht, neu angesprochen, herausgefordert, beglückt, eben ganz anders als zu Hause.

Mir scheint, die Sehnsucht nach Ferien entspringt eigentlich dem Wunsch, seinen fünf Sinnen Zeit und Raum zu gönnen und sie neu zu beflügeln. Nach dem Motto: Hurra, ich lebe noch!

weggehen um anzukommen

FERIEN = ZEIT FÜR FREMDHEIT

SPORT
BEACH
BALL

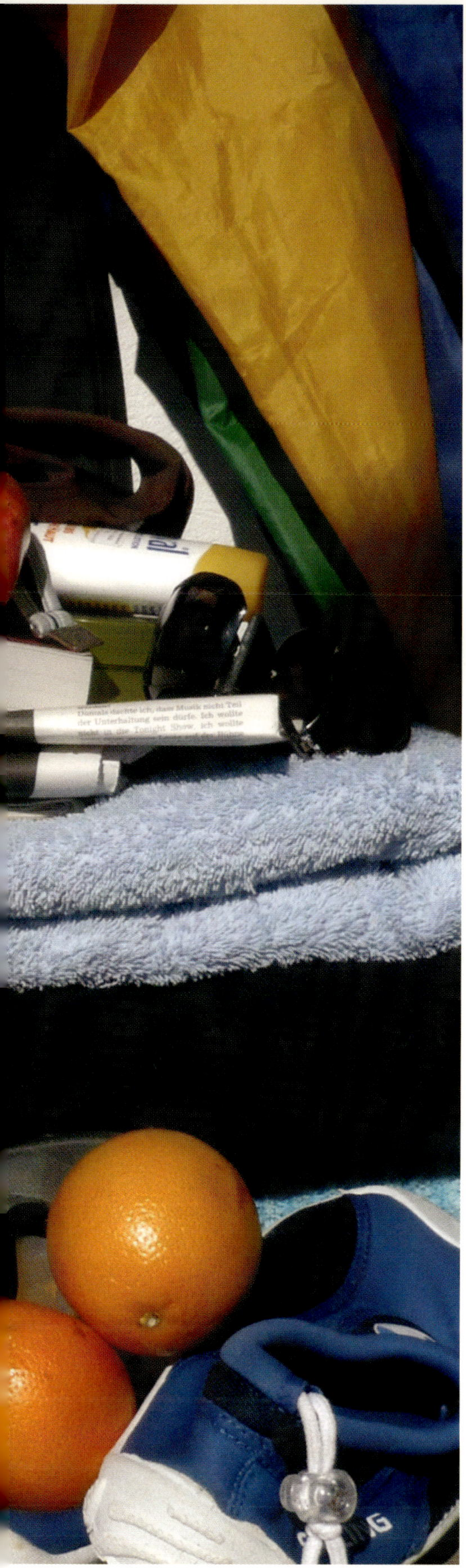

Ein gelungener Ferientag am Strand will gut geplant sein. Ausgestattet mit Handtuch, Sonnencreme, Sonnenbrille, Sonnenhut und Sonnenschirm, Ferienlektüre, leckeren Sandwiches, kühlen Getränken und dem mobilen Telefon für alle Fälle. Nicht zu vergessen sind Bademoden für Wasser und Sonne, Größe: knapp bis knapper, sowie Flossen, Schnorchel und Taucherbrille.

Ab zwei Personen aufwärts macht das alles noch mehr Freude, denn geteiltes Schleppen ist halbes Gewicht. Am Zielort angekommen, ist es endlich soweit, wir cremen uns gegenseitig ein, lesen uns etwas vor, die versprochenen Ansichtskarten werden geschrieben, wir rennen gemeinsam ins Wasser und amüsieren uns über andere Strandbewohner.

FERIENJOB

Es scheint unausgesprochene Strand-Gesetze zu geben. Zum Beispiel das Gebot, den Sicherheitsabstand zum nächsten Sonnenanbeter einzuhalten, es sei denn, es gibt nicht viel Platz, der Strand ist beliebt und voll. In so einem Fall entstehen ganz automatisch bunte Überlappungen von Badehandtüchern. Oder das Ritual, sich am Strand mit all seinen Mitbringseln häuslich einzurichten, und zwar jeden Tag an der gleichen Stelle. Manchmal kommt es zu Revierkämpfen, wenn sich ein Fremder auf diesem einen, nämlich „meinem" Platz breit gemacht hat. Da heißt es: Morgen bin ich früher da, und dann wollen wir mal sehen!

Dass scheinbar keiner den anderen beachtet, jede (und jeder) für sich sein und einfach den Tag vertrödeln will, und dennoch alle wissen, dass der andere guckt, ist ein weiteres Strand-Phänomen. Manche laufen an der Wasserkante auf und ab, nackt, ohne jede Scham, manchmal sogar schamlos, sammeln eifrig Muscheln und anderes Strandgut, kleine Schätze für zu Hause, Souvenirs genannt, und schauen oder besser starren, um sich ein Bild zu machen von den anderen Strandhockern. Am besten gleich mit dem Fotoapparat, der vor dem Bauch baumelt.

Männer sind dabei oft besonders interessiert an ihrem Umfeld. Teils stehen sie den ganzen Tag, drehen und wenden sich der gleichmäßigen Bräunung der Haut zuliebe wie ein Hähnchen im Grill und blicken in der Gegend herum. Gerne nehmen sie das ein oder andere menschliche – bevorzugt weibliche – Exemplar näher in Augenschein, während sich die Gemahlin oder Lebensabschnittsgefährtin am Boden auf ihrem Handtuch rekelt, Gesicht nach unten, für die nächsten Stunden nicht ansprechbar.

Erholung in der Horizontalen und der Vertikalen, je nach Gusto.

Trotz dieser kleinen Seltsamkeiten ist so ein Tag am Strand phantastisch. Man döst, lässt die Zeit verstreichen und spürt Wasser und Sonne auf der Haut. Es ist, als würde man Energie pur tanken. Das Gefühl für den eigenen Körper wird intensiver, man spürt sich wieder, genießt sich selbst, findet sich schön, wird vom Wind und Sonnencremehänden gestreichelt. Ach, das ist herrlich wohltuend.

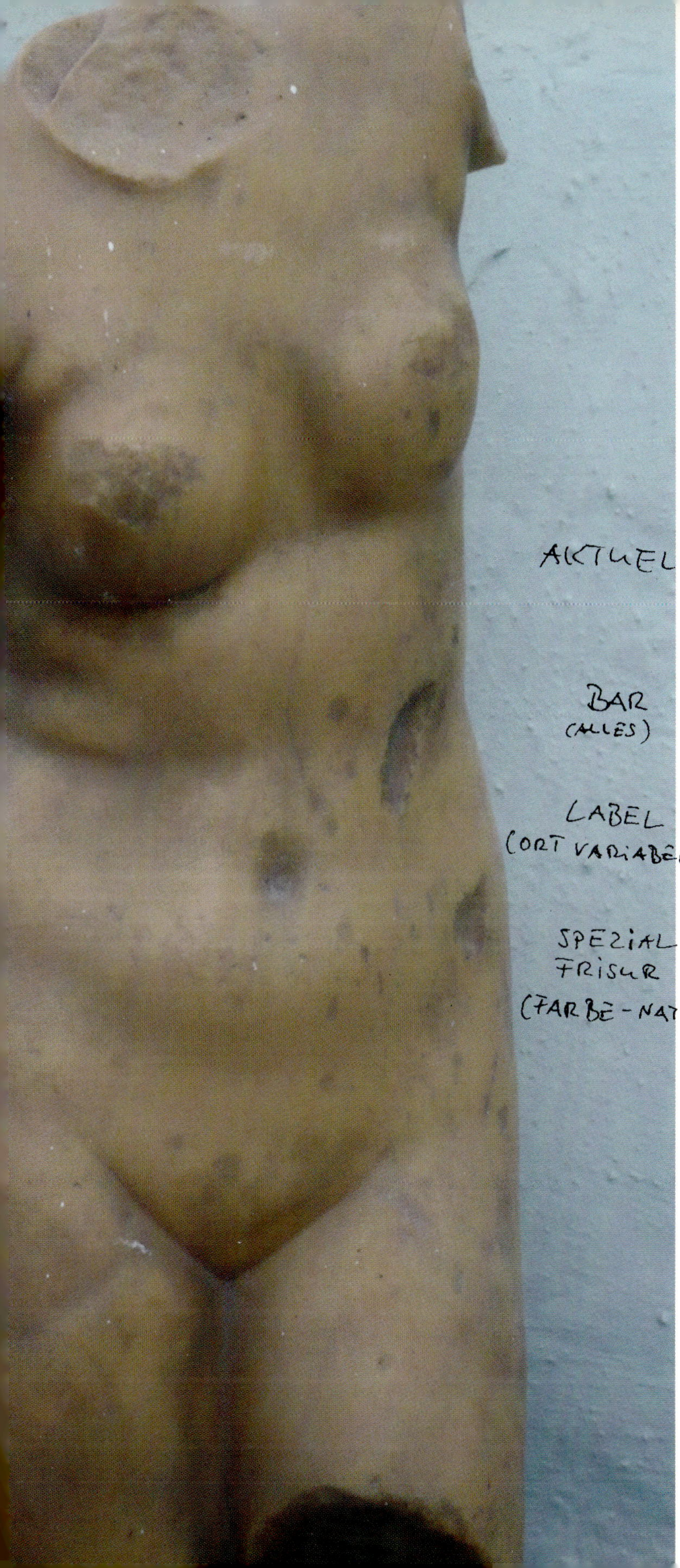

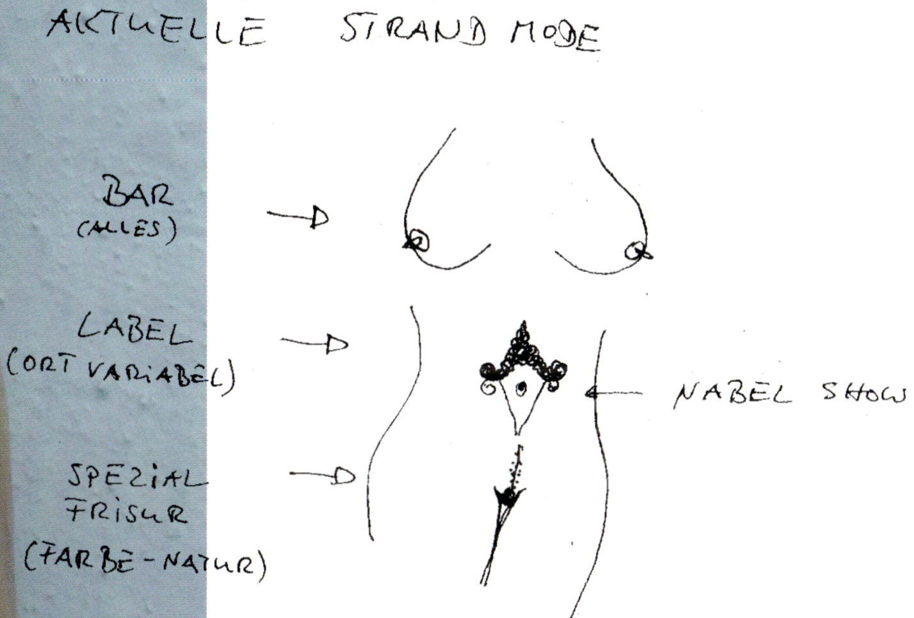
AKTUELLE STRAND MODE
BAR (ALLES)
LABEL (ORT VARIABEL)
NABEL SHOW
SPEZIAL FRISUR (FARBE - NATUR)

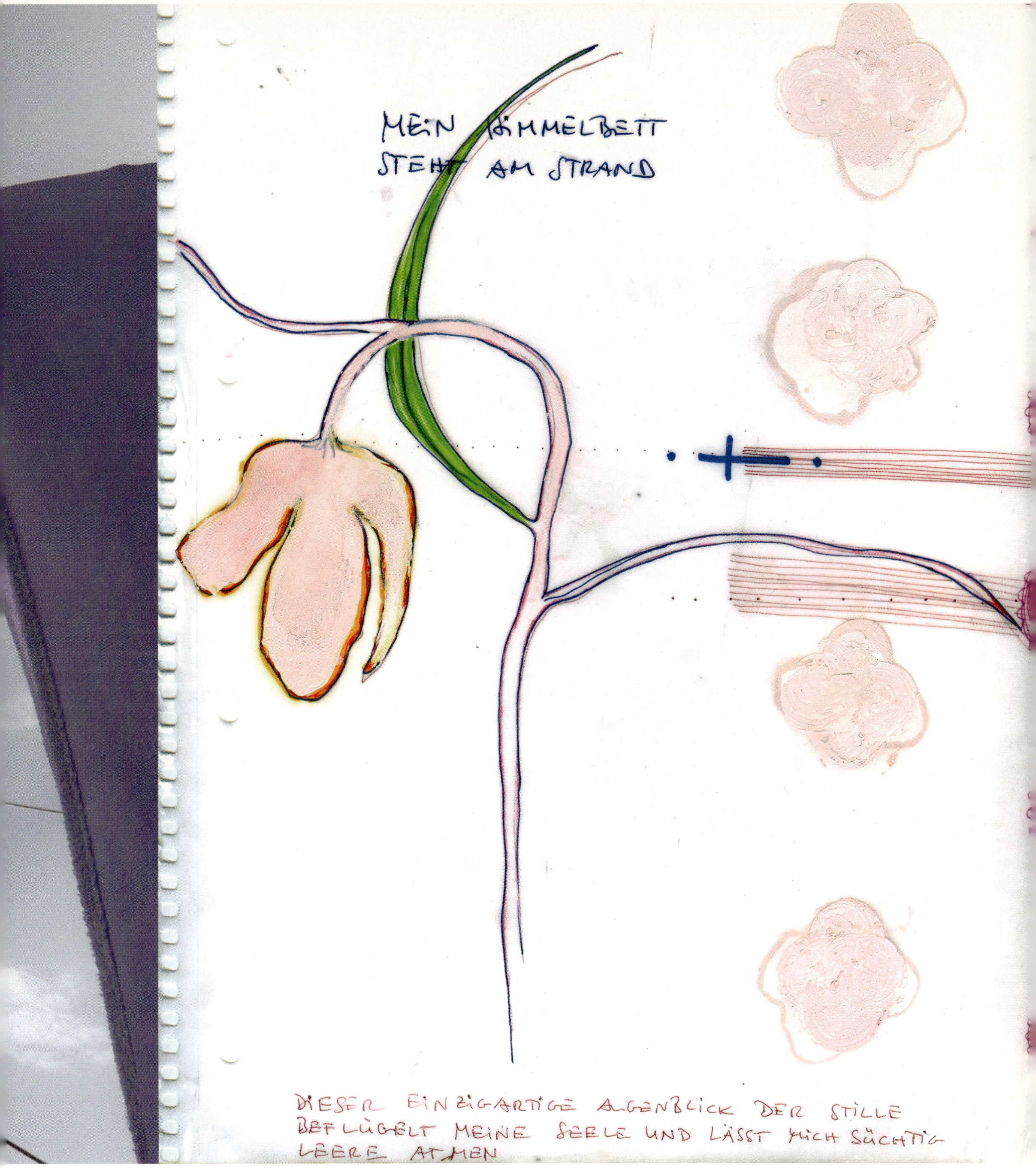
MEIN HIMMELBETT
STEHT AM STRAND
DIESER EINZIGARTIGE AUGENBLICK DER STILLE
BEFLÜGELT MEINE SEELE UND LÄSST MICH SÜCHTIG
LEERE ATMEN

Ein Tag am Strand, und auf dem Rückweg noch ein kühler Drink in einer Bar und der Sonne beim Versinken zuschauen.

Zurückgekehrt ins Feriendomizil geht es beglückt unter die Dusche, Süßwasser, köstlich und wertvoll. So erfrischt wartet eine laue Sommernacht auf uns, mit gutem Essen und leckerem Wein, langen Gesprächen oder einfach nur gemeinsam in die Nacht lauschen. Grillen zirpen, ein Käuzchen in der Ferne, Katzengeschrei und eine Sternschnuppe.

„Schau mal der Mond, Schatz." Jetzt wäre Sex wunderschön ...

JAHRESZEITEN

Der Moment des Überlebens

TAUSCHE GETRÄNKE
SEE
BELEBUNG DER SINNE
2

Es ist jedes Jahr dasselbe Phänomen: Der Winter will und will nicht enden. Menschen, Pflanzen, Tiere, alles, was atmen und wachsen kann, ist erschöpft, der Kälte und Dunkelheit überdrüssig, müde und lustlos, manchmal sogar depressiv und krank.

Man hat den Spaß am Kerzen anzünden und am Lesen dicker Bücher vor dem Kamin verloren. An langen Abenden gemütlich zu Hause zu sitzen und Dinge zu sortieren,

die seit Monaten liegen geblieben sind, ist mittlerweile so langweilig wie ein schlechter „Tatort“ im Fernsehen. Die Lust auf heiße Eintöpfe, fettige Gänsebraten, Marzipankartoffeln und Selbstgebackenes im Kreise der Familie ist verflogen. Mütze, Schal und Handschuhe, festes Schuhwerk, ein warmer Mantel und die zwiebelartigen Kleidungsschichten darunter sind eine einzige Last.

Jetzt wollen alle nur noch das eine – Frühling!

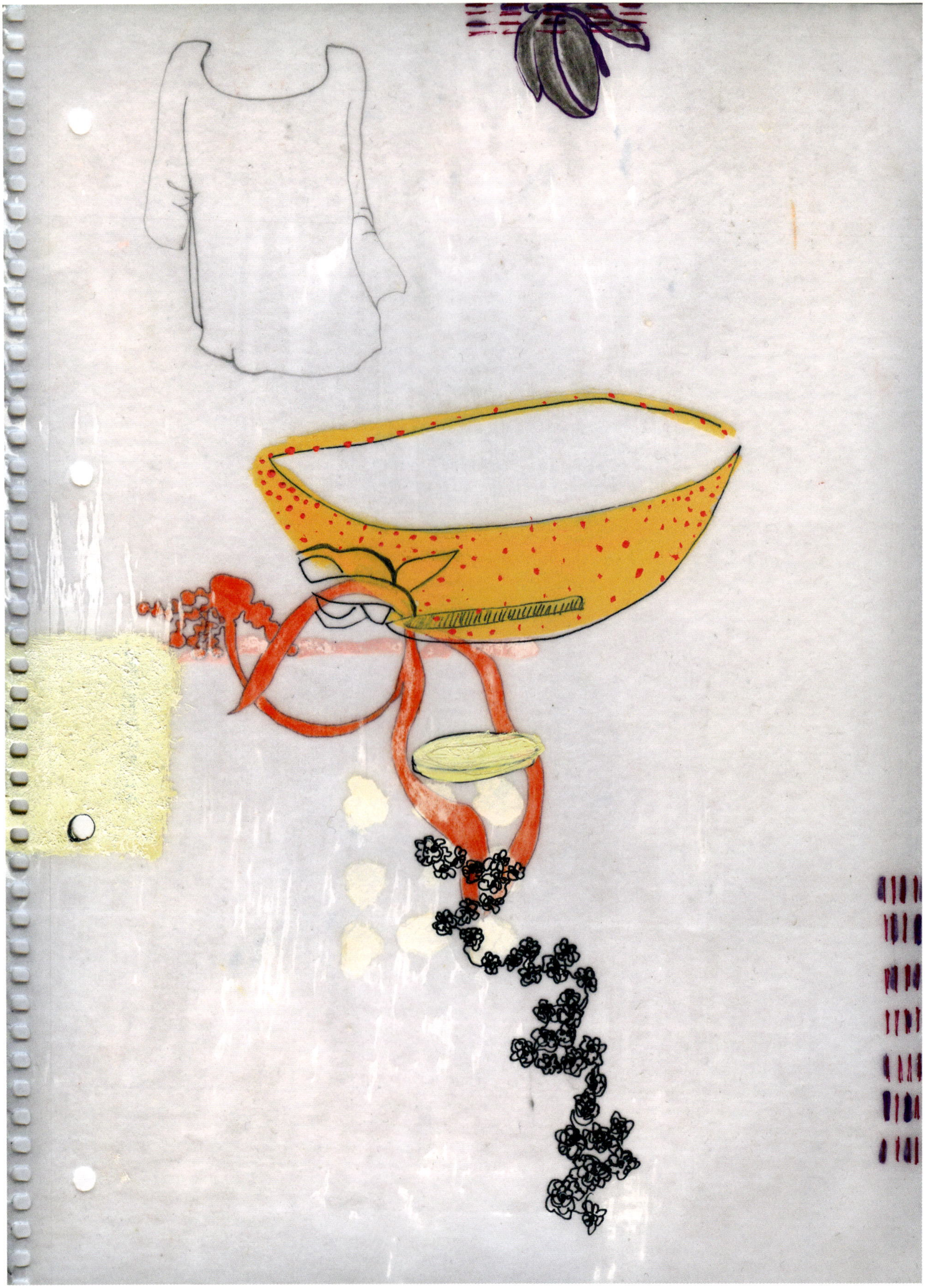

Und dann ist er plötzlich da, der heiß ersehnte Tag X. Mensch und Tier scheinen nun das Gleiche zu fühlen, alle sind infiziert.

Frühling – endlich – ein garantiertes Glück.

Es überfällt uns jedes Jahr aufs Neue, verlässlich und doch immer ein bisschen anders.

Die Parks sind voll, die Cafés stellen ihre Stühle und Tische nach draußen, Autofahrer teilen sich die Straße wieder mit Motorrädern, Fahrrädern, Inlineskatern, Kind und Kegel, Hund und Opa. Sie alle tauchen plötzlich wieder aus ihrer winterlichen Versenkung auf, alle, die die kalte Jahreszeit überlebt haben.

Wie berauscht halten wir unsere blassen Nasen in die Sonne und lassen unsere Sinne Energie tanken.

Die Natur fasziniert uns mit ihrem Erwachen, und jede neue Knospe fällt uns auf einmal ins Auge, jede grüne Anstrengung, die sich frisch und zart aus dem Boden zwängt. Das laute Gezeter und Gezwitscher unserer Mitbewohner, der Vögel, löst Begeisterung aus. Ihre Aufregung ist ansteckend. Jetzt wird „gevögelt" und ein Nest gebaut, da ist sich das Federvieh einig. Auch das springt auf die Menschen über, und wir verbergen nicht länger unsere Paarungsbereitschaft. Nicht zufällig verlieben wir uns besonders gern im Frühling.

So froh, die dicke Winterjacke in den Schrank hängen zu können, so froh, nicht mehr frieren zu müssen, froh, sich leicht zu fühlen, den Körper neu wahrzunehmen, glücklich und voller Lebensfreude – und das Jahr liegt noch vor uns.

Es ist schön zu spüren, wie dieser Wechsel der Jahreszeiten uns verwandelt. Wir sind in Aufbruchsstimmung, der innere Rhythmus verändert sich. Wir wollen Dinge ins Rollen bringen, Menschen sehen, sind bereit zum Austausch, möchten uns bewegen, am liebsten draußen an der frischen Luft, wo es wieder wunderbar duftet.

Der Frühling macht alle für Augenblicke ein wenig verrückt und glücklich.

Und der Frühjahrsputz? Ach herrje, der kann warten. – Das bisschen Haushalt.

Jede Jahreszeit birgt andere Herausforderungen, ein anderes Lebensgefühl. Der Sommer lockt uns hinaus, viele Stunden am Tag und vor allen Dingen auch in der Nacht. Draußen findet das Leben statt. Die Tage sind lang, wir haben Lust, früh aufzustehen, und keine Lust, ins Bett zu gehen. Laue Sommernächte verpflichten zum Flirten. Wir zeigen Haut, mal mehr, mal weniger, je nach Aufenthaltsort. Erfrischende Getränke für heiße Körper, kühle Gewässer zum Schwimmen und für Feriengefühle im Alltag. Grillwürstchen haben Hochkonjunktur, Sonnenbrillen sind cool, braune Haut sieht manchmal toll aus, und Mückenstiche nehmen wir in Kauf.

Das Arbeiten macht im Sommer nicht ganz so viel Freude, weil man andauernd das Gefühl hat, man könnte sich etwas Schöneres vorstellen ... Deshalb liegt die Hauptferienzeit im Sommer und es werden jede Menge After-Work-Partys veranstaltet. Eine tolle Idee, einfach aus dem Süden abgeguckt, wo sich die Menschen am frühen Abend auf einen Drink treffen und erst spät nachts essen ... Und auch die Siesta ist eine erquickende, nachahmenswerte Erfindung – wer liegt nicht gerne mittags im Schatten und döst ein wenig?

Ach, der Sommer, wenn die Sonne so richtig vom Himmel knallt, Sonnenschutzfaktor 47 empfohlen wird, der Schweiß rinnt, egal, wie wenig wir am Leib tragen, die Menschen gern unterwegs sind (außer in der U-Bahn) – auch dieser Abschnitt des Jahres erfüllt uns mit Glückseligkeit. Man nimmt intensiver Teil an Naturereignissen wie Sonnenaufgang, Sonnenuntergang, Vollmond oder am erlösenden Gewitter nach einer unerträglichen Hitzewelle ... Herrlich. – Herrlich nur, wenn das Gewitter nicht zu einem Dauerregen mutiert und in einer Hochwasserkatastrophe endet. Die Natur spielt eben nach ihren eigenen Regeln ...

DU SCHMECKST SO SCHÖN ROSA
FREUNDE: KOMMT WIR FEIERN

Und der Herbst?

Der Herbst – der ist raffiniert und vielseitig und führt uns sanft hinüber in die dunklere Jahreszeit.

Er beginnt mit dem Spätsommer, dann folgt der Altweibersommer, schließlich der Indian Summer. Wir sind berauscht von den Veränderungen, die rings um uns in der Natur passieren. Plötzlich gibt es Herbststürme, tolles Licht, phantastische Farben. Im ersten Pullover fühlt man sich behaglich, und auch die Wind- und Wetterjoppe ist beim Spaziergang im würzig riechenden Wald angenehm kuschelig. Das Drachensteigen-Lassen wird ein echtes Familienereignis, besonders, wenn Papi sich mit der Schnur im Baum verheddert und Mutti Rettungsanleitungen ruft.

Nach solchen Ausflügen kommt man mit roten Wangen nach Hause und freut sich auf die eigenen vier Wände.

Wenn man Frühling und Sommer gelebt und genutzt hat, müsste man jetzt in Liebe entbrannt sein und ein Nest gefunden haben …

Na, da kann der Winter doch kommen. Oder?

Grausam der Tag, an dem die Uhr umgestellt wird … Jetzt wird es abends so früh dunkel, dass die Gefahr einer schlagartigen Depression nicht ganz auszuschließen ist.

Regen, Wind und graue Tage sind nur in geringer Dosis auszuhalten. Wenn der Herbst geht und auch das letzte Blatt vom Baum gepustet ist, das Licht des Tages immer trüber wird, alles einen graubraunen Anstrich bekommt, die Luft zum Atmen nach Heizung riecht, die Kleidungsschichten verdoppelt und verdreifacht werden müssen, zur Grippeimpfung aufgefordert wird und das Apfelsinen-Pressen zum Frühstück gehört, das Bedürfnis, im Bett liegen zu bleiben, wächst ebenso wie der Wunsch, riesige Portionen zu essen – dann braucht man wieder andere Überlebensstrategien, um glücklich zu bleiben.

Zum Beispiel leckere Eintöpfe, Marzipankartoffeln, Selbstgebackenes und nicht zuletzt den lang entbehrten Gänsebraten im Kreise der Liebsten. Gemütliches Beisammensein und das Weihnachtsfest als Möglichkeit, zu schenken und beschenkt zu werden, wie eine Belohnung für ein langes, aufregendes Jahr.

Voll gegessen sinken wir in einen tiefen Sessel, werfen einen Blick zurück und halten inne, ziehen Resümee, stöhnen oder grinsen. Spätestens nach Silvester und den guten Vorsätzen fürs kommende Jahr macht sich eine gewisse Vorfreude breit auf das garantierte Glück – den Frühling.

BERAUSCHENDE STILLE

Eine Freundin erzählte mir von ihrem Jahr in Afrika. Dort war es immer warm, die Temperatur veränderte sich kaum und es gab so gut wie keinen Regen. Meine Freundin hatte das Gefühl, als würde die Zeit nicht vergehen. Nichts schien sich sonderlich zu bewegen, nichts sich sichtbar zu verändern, auch die Vegetation nicht. Sie sagte, sie habe die Verschiedenartigkeit der Jahreszeiten noch nie so vermisst wie in diesen Monaten in Afrika.

Mit vier Jahreszeiten ist das Leben viel abwechslungsreicher und fordert uns heraus, uns immer wieder neu auf Schnee, Sonne oder Sturm einzulassen und uns je nach Wetterlage auf eine andere Glückssuche zu begeben.

Zu Hause

Glück gesucht, nichts gefunden, ab nach Hause

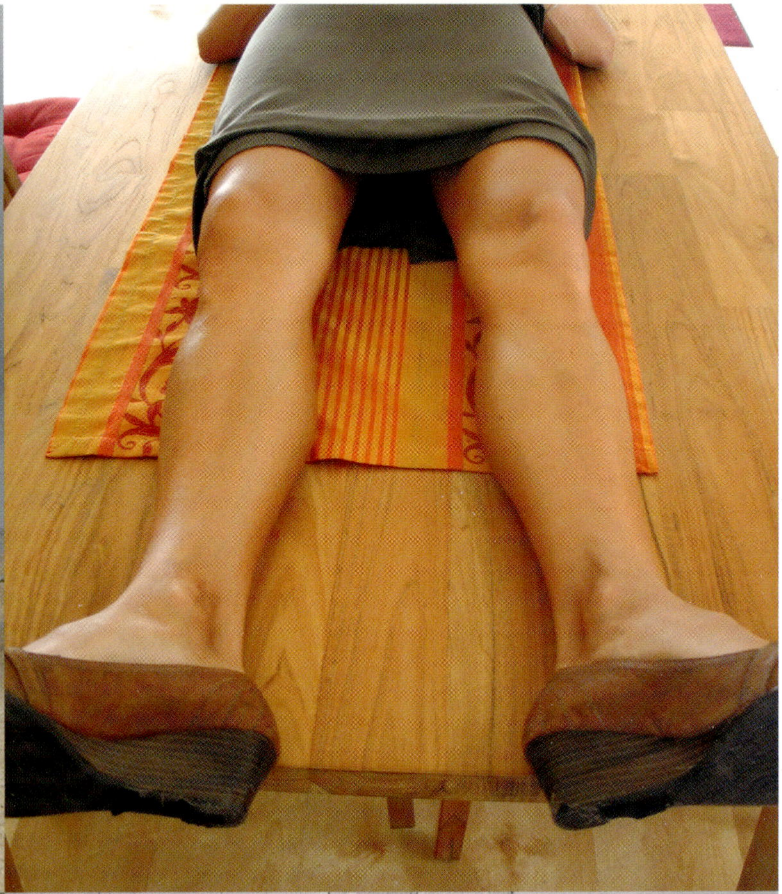

Wohnen wir Menschen nicht an den verrücktesten Orten? In gigantischen Hochhaussiedlungen, anonym und unheimlich. In einem kleinen Kaff ohne Umgehungsstraße, in dem alle paar Jahre ein LKW in die Häuschen an der Kurve rast. Neben Autobahnen, S-Bahnen, Schienenanlagen, Flughäfen ... In Kellerwohnungen ohne Tageslicht, in Dachgeschossen ohne Fahrstuhl. In Altbau und Neubau. In Kleinbau und Großbau. In Billigbau und Teuerbau. In Villen am Stadtrand mit Park und Überwachungskameras. In Bauernhöfen, Gartenlauben, Bauwägen, Zelten, auf Parkbänken.

Es gibt Zuhause-Variationen für alle. Für jeden Traum und jeden Alptraum.

Gemütlich wünscht es sich jeder, auch wenn es für manche unerreichbar ist. Und: Gut liegen sollte das Zuhause, ein bisschen Sonne vielleicht, ein kleiner Balkon, nette Gegend wäre nicht schlecht, gute Einkaufsmöglichkeiten, Kindergarten, Schule, Park und natürlich: bezahlbar.

Ist es nicht erstaunlich, dass fast jede Bleibe einen Bleibenden findet? Aber was findet der Bleibende in der Bleibe? Auf seiner Suche nach dem richtigen Ort im richtigen Leben zieht er nach hier, zieht's ihn nach da ... eines Tages wird alles besser. Hofft er. Oder wartet er einfach nur? Worauf? Und welche Erwartungen sind das? Vorgefertigte Erwartungen wie diese: Erfolg im Beruf, Familiengründung (Kinder inklusive), Haus mit Garten. Erwarten wir das? Gehören uns diese Ziele, oder gehören wir diesen Zielen? Spüren wir nicht alle den Druck von außen? Den Druck, diese Ziele zu erreichen? Den Druck sich einzuordnen, Anerkennung zu finden ... und alles das zu haben, was im Leben so unentbehrlich scheint.

Ist das so? Muss das so sein? Wo steht das geschrieben?

Und ich selbst? Ich träume doch auch vom kleinen Häuschen im Süden. Träume vom Eigenheim. Auf parkähnlichem Grundstück mit eigenem Bootssteg. An einem wunderschönen tiefblauen See. Träume von einem Auto, das schön, schnell und bequem ist. Aber gar kein Benzin verbraucht. Von Reisen in ferne Länder. Natürlich mit dem Flugzeug. Und natürlich ohne Schaden an der Umwelt ... Träume.

Wer möchte nicht all die wundervollen Dinge haben, die das Leben schön und die Menschen glücklich machen? Viel Geld fließt in die Werbung, um uns davon zu überzeugen. Um uns ein-zu-häm-mern, was wir brauchen:

Die exklusive Einbauküche (aus Edelstahl), den Mega-Kühlschrank (für exotische Lebensmittel ohne Ablaufdatum, aber natürlich „bio"), den Großbildfernseher (High Definition), die Stereoanlage (oder besser: Quattro), den Highend-Computer (mit Spielekonsole), die Sofalandschaft (mit passender Schrankwand), ein neues Bett (bietet Platz für die ganze Familie), acht Paar Jeans (Grundausstattung), zwanzig Paar Schuhe (mindestens), sieben Handtaschen (Gucci, Prada, Chloé ...).

Diese Glücksversprechen unserer Tage – „Ich muss haben, besitzen und etwas darstellen" – drängen uns zunehmend in eine Richtung, in der die voll gestopfte Schrankwand wartet.

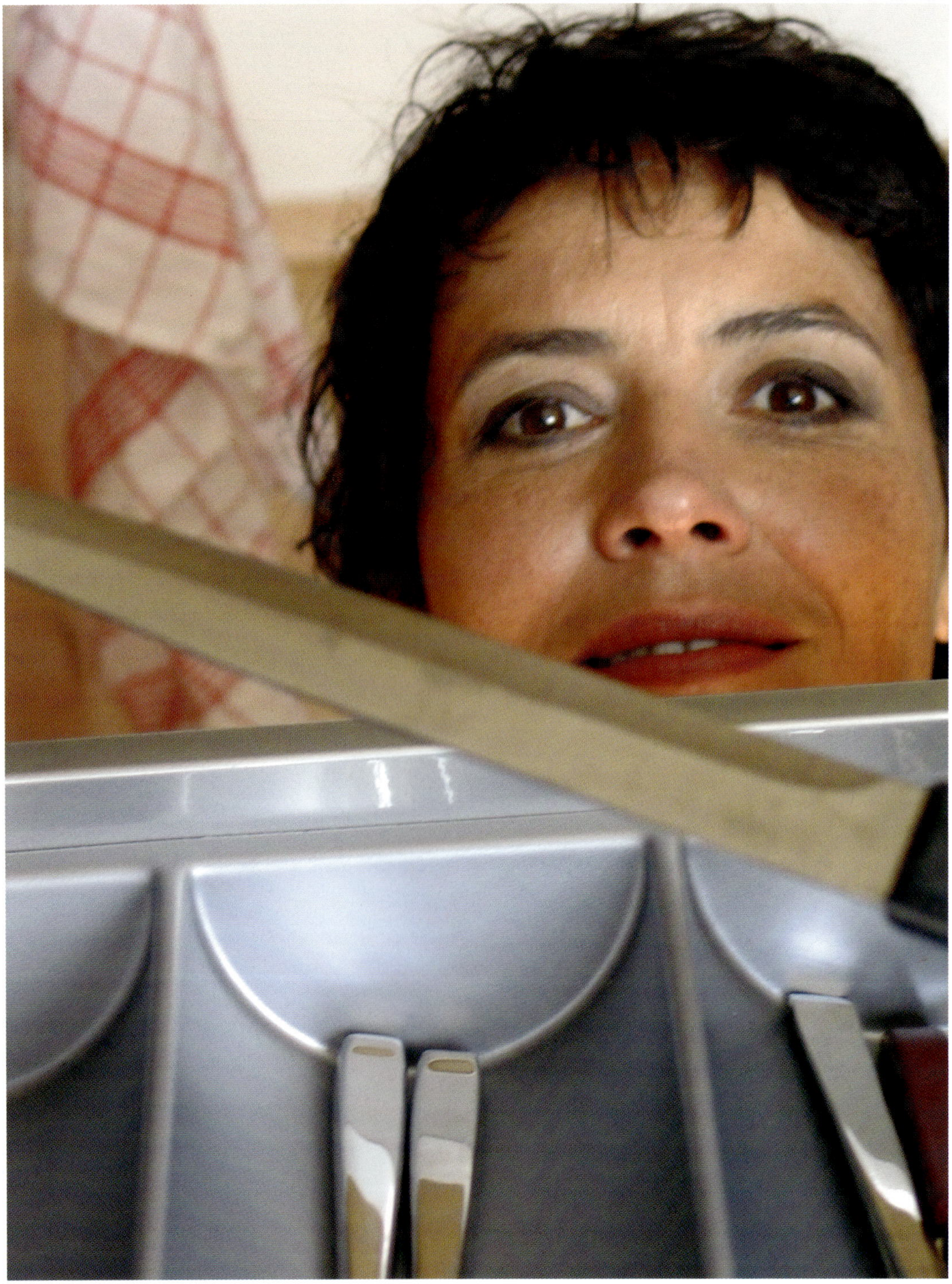

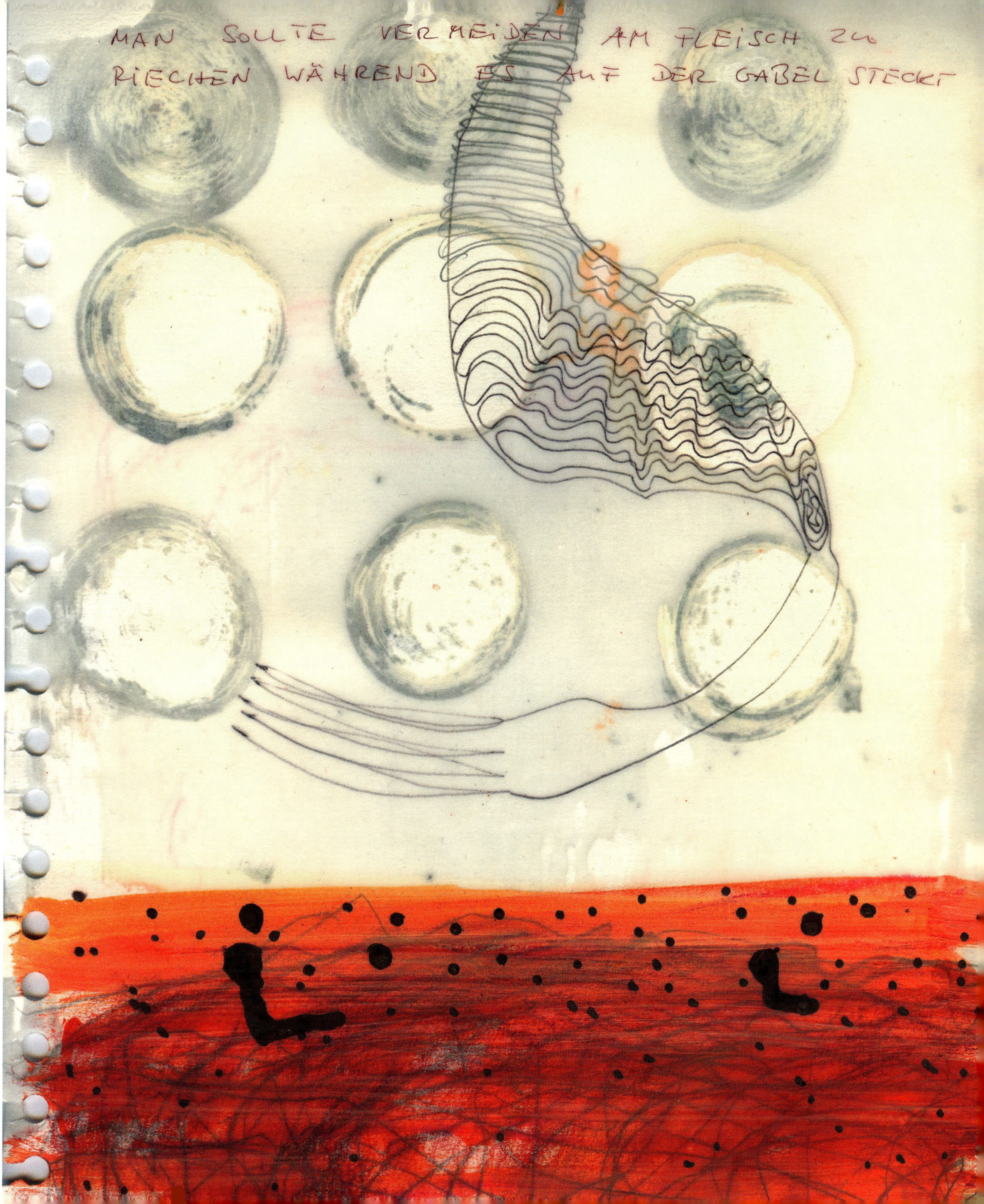
MAN SOLLTE VERMEIDEN AM FLEISCH ZU
RIECHEN WÄHREND ES AUF DER GABEL STECKT

DIE WELT DES GLÜCKLICHEN
IST EINE GLÜCKLICHE WELT - WITTGENSTEIN

Ich möchte in meinem eigenen Leben zu Hause sein. Das heißt, bewusst sein. Offen sein. Fülle. Mit wachen Sinnen durch dieses eine Leben gehen. Lebendige Erfahrungen sammeln, genau hinsehen und hinfühlen und immer wieder Neues lernen. Das heißt, an Weggabelungen den Mut finden, den schwierigeren, aber spannenderen Weg einzuschlagen. Das heißt, spüren, wenn zur richtigen Zeit am richtigen Ort die richtigen Menschen zusammentreffen. Sich diesen Momenten zu öffnen, heißt, leben und reich sein.

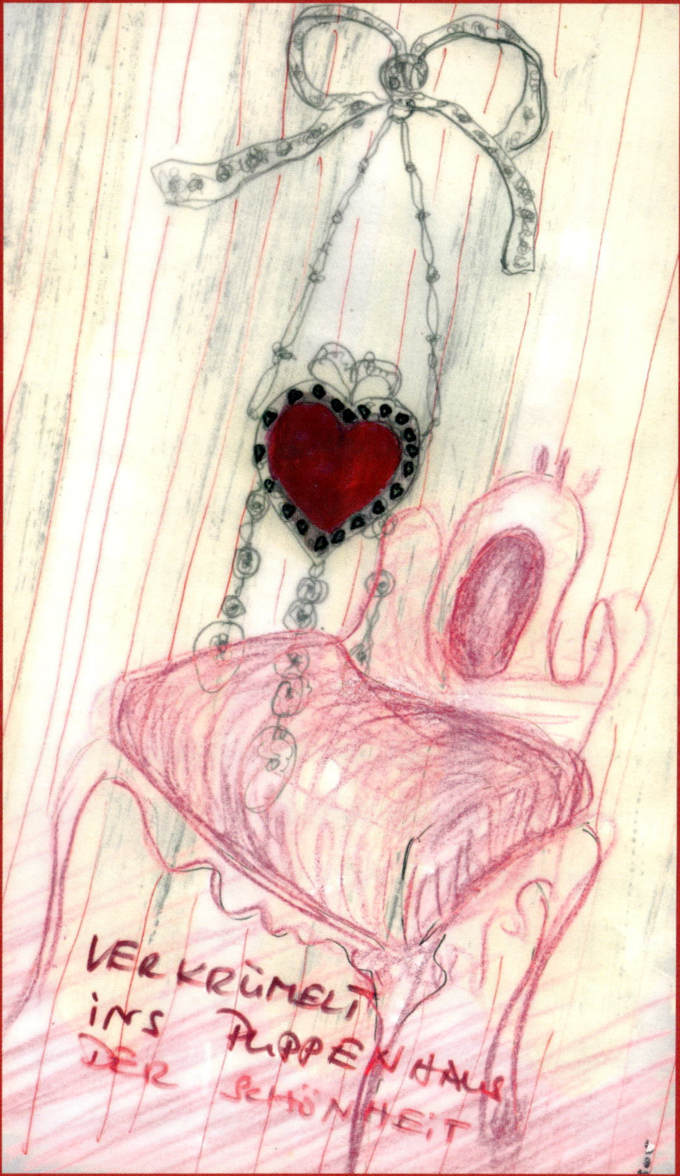
VERKRÜMELT
INS PUPPENHAUS
DER SCHÖNHEIT

Liebe

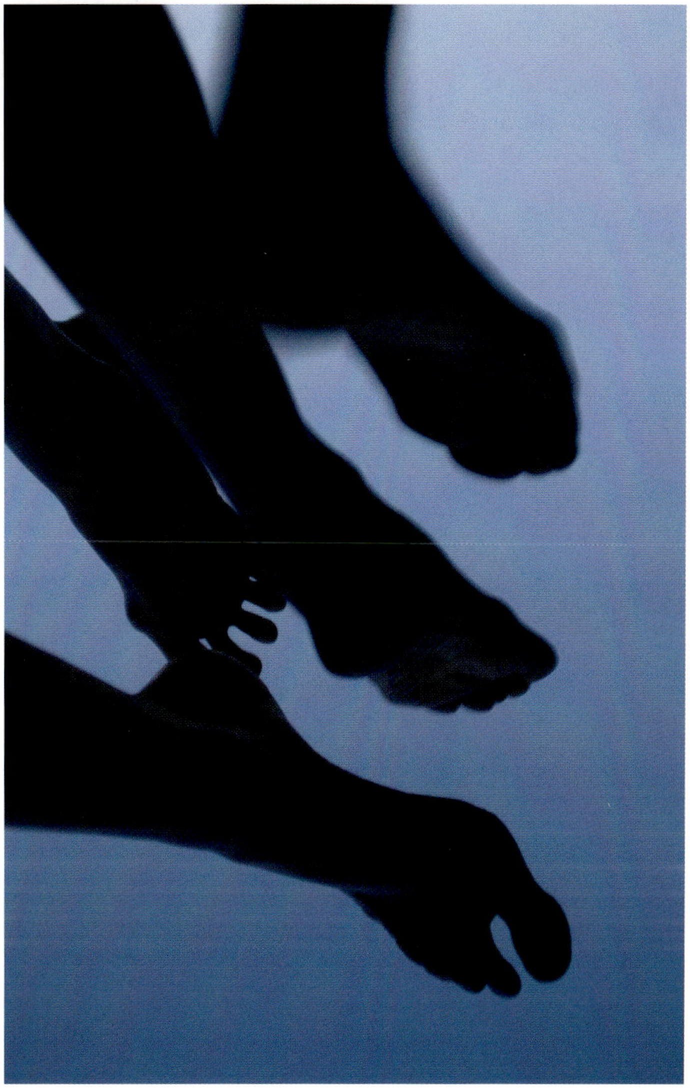

Und die Liebe?
Sie verwandelt das Leben mit Leichtigkeit
in einen Pool aus Rosarot und Glück.
Sie lädt ein, Herz und Verstand zu verlieren,
sie ist Motor des Lebens und Anlass für gelebte Verrücktheiten:
Komm mit, wir laufen zur blauen Stunde mit nackten Füßen durch den Himmel ...

Danke für eure tolle Unterstützung!

Jörn Budesheim

Jolanta Gatzanis

Andrea Horakh

Kirsten Uchman

Martin Wachter (†)

Wir wünschen uns allen die Erkenntnis
der Wurzeln des Glücks.

Quellenvermerke:

Ljudmila Ulitzkaja, Olgas Haus. Erzählungen.
© 1999 Luchterhand Literaturverlag, München
in der Verlagsgruppe Random House GmbH
Übersetzung: Ganna-Maria Braungardt

Michael Michalko: Erfolgsgeheimnis Kreativität.
© 2001 by mvgVerlag, Finanzbuch Verlag GmbH,
München. www.mvg-verlag.de.
Mit freundlicher Genehmigung des Verlages.

Paul Watzlawick: Anleitung zum Unglücklichsein
© 1983 Piper Verlag GmbH, München

Impressum:

Gestaltung und Satz: Kirsten Uchman

Gesamtherstellung: Edition Braus

Printed in Germany

ISBN 978-3-89904-336-5

www.editionbraus.de